ばちあ

BACHIATARI KWAIDAN

Ginty Kobayashi

ギンティ小林

二見文庫

ブックデザイン　市川夕太郎

取材協力　折原臨也リサーチエージェンシー
https://azegamilaw.web.fc2.com/
Twitter ID　@Dear_HiroC_OnoD

CONTENTS

CONTENTS

Chap.1

SRシンレイノラッパー・イン・ザ・殺人物件

「ラップで死者の魂を鎮めてもらいましょうよ」

二〇一〇年三月。僕はオカルト&事件専門誌『怖い噂』で、心霊スポットに潜入し、心霊現象を映像や写真に記録するために、その場に棲むであろう霊に罰当たりな挑発をする、という企画を連載していた。

そんなある日、友人の音楽ライター高木晋一郎君が、こんな情報を提供してくれた。

「俺の知り合いに、『怖い噂』や怪談が大好きで、フリースタイルの巧いラッパーがいるんですよ」

この情報を聞いた僕は、画期的すぎて自分を抱きしめたくなってしまうような企画を思いついた。そんなセンスのいいラッパーがいるならぜひ、『怖い噂』の心霊スポット取材に参加してもらいたい！　それにフリースタイルバトルが巧いんだから、心霊スポットで、その場に棲むであろう霊とフリースタイルバトルをしてもらえばいい……これは心霊スポット取材史的に前人未到の企画になるぞ！

早速、僕は『怖い噂』編集長の小塩隆之さんとともにラッパーに会いに行くことにした。

待ち合わせ場所の居酒屋に、丸刈り&ずんぐりした男がやって来た。ラッパーというよりは実家でゴロゴロしているニートにしか見えないが……。

「はじめまして！　メテオといいます！」

名前は合格！

「自分はラップをやるうえで、『怖い噂』からリリックを学んでいます！」

志も合格！　それでは本題に入ってみるか。実は、心霊スポットでフリースタイルをやってほしいんだよね……？

「大丈夫です！　自分、ヒップホップは常に新しいことに挑むカルチャーだと思っているんで！　それに『怖い噂』に載れるなんて本望ですよ！」

とにかくいちいち合格な男なんで、我々の人間モルモットとして採用決定！　メテオが心霊ラッパー童貞を捨てるステージとして、小塩さんがある場所をプッシュした。

「同僚にHって編集者がいて、かつて殺人事件があったアパートに住んでいるんです。彼の部屋を取材しませんか？」

小塩さんは、そのアパートで起きた殺人事件の新聞記事を見せてくれた。読むと……かなり陰惨かつ哀しい事件だ。事件の詳細は、感のイイ殺人事件マニアなら場所が特定できちゃうので書けません。許される範囲内で書くと、事件が起きたのは。一九九〇年代初頭。居住者のAさん（五十歳）とBさん（二十四歳）母娘が強盗に殺された……これはラップで挑発するのは不謹慎だな。悩む僕に、小塩さんはライトな口調で提案した。

「だったら、ラップで死者の魂を鎮めてもらいましょうよ」

メテオにそんな力はないと思うが、初陣を飾るステージは決まった。ついでに、この企画タイトルは当時、人気だった映画『SRサイタマノラッパー』（二〇〇九年）を恥ずかしげもなくベースにさせていただいた「SRシンレイノラッパー」に決定！　略してSR。僕は、彼らのマネージャーを務めさせていただきます！

SRシンレイノラッパー、殺人物件と対峙す

三月下旬深夜。取材当日。取材メンバーはメテオを筆頭に『怖い噂』編集部の小塩さんと編集部員の田端美佐緒さん。当時、僕とともに心霊ドキュメンタリー「怪談 新耳袋殴り込み」シリーズに出演しており、僕が働く映画雑誌で編集アルバイトをしていた市川力夫、カメラマン、高木晋一郎君の斡旋で来たヒューマンビートボックスができる若者T君。彼もまた『怖い噂』愛読者だという。そんな彼は開口一番、

「俺、雑誌に顔が出るとマズいんですよ」

それなら来た意味ないじゃん……。

「顔はバンダナとグラサンで隠しますんで大丈夫っすよ。でも、名前バレるとマズいんで。何かカッコいい名前つけてくださいよ」

親に言えないような名前をつけてやる。何かないかな……浮かんだ！　君の名前、今か

らペッティングボーイね。

「……ムゴくないっすか！」

多数決でT君は人間モルモット・ペッティングボーイに昇格した。せっかくの景気いい企画SRシンレイノラッパーがふたりだけじゃ寂しいので、力夫を「中学のとき、柔道やってたから」「その結果、ゴリラのような見た目になったから」というクレバーな理由で、ダンサーに昇格させた。名前は「リキオデラックス」。

「雑だなぁ……」

力夫が愚痴るので、それなら最近、森ガールってワードが流行っているみたいだから森ボーイね。

「もっと雑じゃねえかよ……それに俺、ダンスなんてやったことないのに！」

かくしてSRシンレイノラッパー軍団が誕生した。ココはクルーたちの門出を祝して、メテオに景気のいいフリースタイルをカマしてもらいたいところ！

「できますよ！　ペッティングボーイさん、リズムお願いします！」

ペッティングボーイがしぶしぶ口でリズムを刻み始めた。


ブ！　ブッ！　ブッ！　クッ！　ブブッ！

よ！　俺がメテオだぜ！　今日は！　怖い噂の！　企画でよ！　俺は今日来たぜ！

いえ～幽霊を目撃すべく！　そしてカメラに収める！　マジで！　よ～！　これが本当のセンセ～ショナル！　よ！　タバコ捨てんな！　とか道徳おりまぜる！　よ！　そんなことは置いといて！　あ！　俺たち神経すり減らして心霊戦う～霊と！　でもゴーストバスターズじゃねえ！　ただやられる方！　気をつけておけよ霊障～！　肩こり始まったら、それ危険な兆候～！　いえ～！　俺の背中を見てみろ！　背後霊みて～なペッティングボーイ！　イン・ザ・ハウスよ～！　これから行くぜ～！

「……すでにヤバいバイブスが出ている」

そのアパートは、閑静な住宅街の中にあった。メテオが虚ろな目つきで住宅街を見つめている。

「……すでにヤバいバイブスが出ている。この辺の家はどれもきれいだけど、家庭内では問題が絶えないかもしれないな」

適当なこと言うなよ……。問題の殺人物件はアパートの一階にあった。

「いらっしゃいませ」

殺人物件から、三十代の男性が出てきた。居住者のHさんだ。深夜の訪問にもかかわらず、Hさんは僕らをフランクに迎え入れてくれた。Hさん宅は2DK。気になる家賃は

六万円。首都圏にあり、広いうえに、駅からも近いのにこの激安プライス。ちょっと魅力的な気もするが、

「いくら安くてもココで暮らすのは嫌だな……」

「俺も無理……」

SRクルーたちは、Hさんの前で正直すぎる感想を漏らす。その発言にムッとしたのか、Hさんは「オバケなんて出ませんよ」と言い切った。だが、発言とは裏腹に部屋のいたるところに御札、仏像、シーサーなどのスピリチュアルなアイテムが置いてある……。ちなみに事前に僕らが仕入れた情報では、某作家がHさんの部屋にある本を借りたところ、本を開くたびに気分が悪くなり、本に塩をつけて返却したという。ほかにも、Hさんを見たある方が、Hさんの住宅事情を知らないのに、「女の人がふたり憑いている……」と言ったという。それでもHさんは、この部屋に住みたいのか……？

「はい！　安いし広いし便利ですよ！」

さわやかな笑顔で応えるHさん。この人を救わなければ……！　いよいよ今夜のメインイベント、SRシンレイノラッパー・イン・ザ・殺人物件の幕開けだ。でも、その前に前座儀式をしたい。

「前座儀式って何ですか？」

ペッティ君、よくぞ聞いてくれました。殺人物件にクルーが単独で潜入し、ここで起き

た事件の新聞記事を朗読し、最後に被害者の冥福を祈る。その際、アパートの電気はすべて消し、朗読会場となる居間に蠟燭を二本灯す。被害者と同じ数だから……。

「……まじかよ」

クルーたちがドン引きしている。でも、これも君たちにオカルト界にその名を刻む人物になってほしい、と切に願うマネージャーの誠意だと思ってもらいたい。以上、では前座儀式開始！

「R・I・Pの気持ちを込めてやってきました！」

事件記事の朗読を終えた僕らは、血の気が失せた顔で感想を言い合っていた。誰もいない部屋から〝ごそごそ〟って音が聞こえてきた気がするんだけど……。

「それ、俺も聞いた！」

「俺もですよ！　あと、人がいないはずの玄関でバタバタと暴れる音がしましたよ……」

その話を聞いて、順番を待つペッティングボーイとメテオが涙目になっている。

「こんなハードなことになるなら、来るんじゃなかった……」

ペッティ君は、不良性感度の高いルックスとは裏腹に、弱々しい足取りで殺人物件に入っていった。その姿を見て、粋なプランが浮かんだ。イタズラしよう！　朗読する居間にはガラス窓がある。その窓の裏はアパートのガレージ。僕はガレージに忍び込んだ。ガラス窓に近づくと、ペッティ君の朗読が聞こえてくる。

「調べによるとAさん親子と見られるふたりの女性は……ハアッ！　ハァ……あれ!?　どこまで読んだかわからない！　どうしよう……ハァ……調べによるとAさん親子と……」

殺人物件のムードに呑まれたのか、ため息まじりに同じ箇所ばかり読んでいる。ココはいっちょジャーマネの愛のムチを差し上げよう。僕はハイタッチ気分でガラス窓を叩いた。

「あああっ！　どこまで読んだかわからない！　ハァ……調べによるとAさんと……」

朗読を終えたペッティ君は僕ににじり寄ってきた。

「ギンティさん、イタズラしたろ！　二回も叩きやがって！」

今、何て言った？　僕は一回しか叩いてない……。

「部屋に入ってすぐに台所のほうから〝ぺきっ〟て音が鳴りましたよ。そのあとにガラス窓からもバンって鳴って……」

窓は叩いたけど、台所なんて知らない……。やはりココには何かがいる。残す挑戦者はメテオのみ。ステージは、前座の僕たちが温めた。メテオ発進！

「こんなガチな取材になるとは思っていませんでした……。もしも俺に何かあったら、そのことをちゃんと記事にしてくださいね」

腹を決めたメテオがステージに向かっていく。しばらくすると、アパートの中からメテオのラップが聞こえてきた。

いえ〜！　あん！　よ！　俺がメテオだぜ！　いえ！　新耳袋〜殴り込みおよび怖い噂！　いきなりわさ〜っと入ってきて何だ〜と思うかもしんねえが！　俺はそう！　こういう痛ましい事件！　もう！　起こってほしくないからよ〜！　いえ！　トラックはＣＨＡＫＩ－ＫＩ〜！　池袋に住んでいるやつだぜ！　よう！　俺はラッパー！　だからラップで鎮魂！　でも普段は下衆なことばっかチンコ〜がどうした！　とか考えてるけど！　金庫〜欲しさに人はあやめねえ〜！　あやまらねえ〜！　こんな行為してるけども怖い！

動揺してるためか、ときおりリリックがグダグダになっている。しかし、メテオは果敢にバトルしている。戦いを終えたメテオは何かをなし遂げたような顔つきで戻ってきた。

「死者の魂を弔うためにレスト・イン・ピース、R・I・Pの気持ちを込めてやってきました！」

この様子をHさんがブルーな表情で見ている。どうしました？

「アパートから離れた場所で聞くと、歌詞が聞きとれないから、ラップがお経みたいに聞こえるんですよ。近所の人たちに、僕が変な宗教やってるヤツだって思われないかな……」

どうやら今回の取材で、Hさんに多大な迷惑をかけてしまったようだ……。

取材後、メテオに起きた異変

翌日、昨晩の映像をチェックした。映像には、クルーたちの朗読タイムが始まる前の誰もいない部屋が映し出されている。部屋の照明は消され、テーブルの上には蝋燭が灯してある。その映像をしばらく眺めていると——。

蠟燭の炎が激しく揺れだした。

風のない部屋なのに……。

しかし、蝋燭の炎はクルーたちの朗読チャレンジが始まると、しだいに穏やかになっていった。これは前座儀式が成功した、ということなのか。僕は映像の確認を続けた。

ペッティ君が、台所から聞こえたという〝ぺきっ〟という音も記録されていた。

その後の調査でわかったが、台所は事件当時、被害者を刺殺した包丁が放置された場所だった……。不安になった僕はメテオに電話してみた。

「取材が終わってから、右目が腫れ続けてるんです！　それに取材以来、犬と会うたびに吠えられるんです！　どうすりゃいいんですか⁉」

この企画、一回目で強制終了かもしれない……。

蠟燭が灯された雰囲気抜群の殺人物件で新聞記事を朗読するギンティ小林

即興のフリースタイルで果敢に攻めるラッパー・メテオ

Chap. 2

「要塞マンション」の怪異　其ノ壱

「夜遅くにすみません。ギンティさん、今から会えませんか?」


二〇一〇年、八月中旬過ぎのこと。時刻は、午前〇時を過ぎていた。お盆も終わり、僕は自宅でボーっとしていたとき、携帯に着信が入った。『怖い噂』の編集長で、いつも僕のことをハードな心霊スポットにブチ込む小塩さんからだ。

「夜遅くにすみません。ギンティさん、今から会えませんか?」

今からライターの猪俣新次郎さんと一緒に心霊スポット取材をするという。

「その心霊スポットは、猪俣さんの自宅近くにあるんですよ」

聞くと、猪俣さんの自宅は、僕の自宅から自転車で二十分ほどの距離にあるという。その街には、ライブハウスやリーズナブルな飲み屋があるので、僕の友達もたくさん住んでいる。でも、あんな場所に心霊スポットがあったかな。まあ、部屋でボーっとしているよりかは、小塩さんたちと会ったほうが面白いよな。それに、猪俣さんとは同じ『怖い噂』で原稿を書いているが、まだ面識がない。この機会に挨拶しに行こう。

「それなら、駅前のコンビニに来てください。迎えに行きますから」

了解しました! と家を出たが、心霊スポットが本当にあるのか半信半疑だった。

「ギンティさん、本当に来たんだ! 暇なんですね!」

待ち合わせ場所のコンビニ前には、小塩さん、猪俣さん、そして猪俣さんの幼なじみのカメラマンMさんの三人がいた。猪俣さんは、身長一八〇センチ近くあり、体重も一〇〇キロは超えてそうな立派なガタイのオーナーだ。

「はじめまして。深夜にお呼び立てしてすみませんね。ちょっとギンティさんに見ていただきたいスポットがあったもので……。詳しい話は自宅でしましょうか。ココから一〇〇メートルほどの場所にあるので」

猪俣さんの自宅は三階建てマンションの一階だった。

通された部屋は七畳二間に四畳半、六畳半のリビングがある立派な物件だった。しかし、様子がおかしい。室内には家具や生活用具が一切ない。まるで貸し出し中の物件のようだ。

「明後日、引っ越すんですよ。荷物は全部、転居先に移しました」

聞くと入居して一月半で引っ越すという……って、居住期間が短すぎやしませんか？

「この部屋を借りてからというもの、身の回りでおかしなことが頻発していて……」

ということは……つまり、僕は今心霊スポットにいるわけなの!?

造りが変な部屋

猪俣さんが、このマンションに越してきたのは二〇一〇年六月下旬。この街で育ち、同じ町内のマンションの一室を事務所に使っていた猪俣さんが引っ越しを考えたのは、婚約者と同居するためであった。

新居には最寄り駅から、徒歩十分ほどのマンションの「一〇一号室」を選んだ。不動産屋の情報によると、半年近く空き部屋になっているという。３ＤＫの快適な物件だが、そのぶん家賃は高かった。

「でも、事務所として使うことも考えればコストは割安だな、と思ったんです」

実家や事務所が近いこともあって、婚約者とはそれぞれの空き時間を見つけて、一ヶ月ほどかけ、コツコツ荷物を運び込むことにした。まずは、床がフローリングの廊下と洋室にタイルカーペットを敷くことにした。

「敷金がバカにならなかったので、床を傷つけたくなかったんですよ」

作業は業者には頼まず、自分自身でやることにした。

「そういう作業が得意なんで。床の寸法を測ってタイルカーペットを購入したんです」

そして、カーペットを床に敷き始めた。おかしい……。

「カーペットと床の寸法が微妙にずれていて、張りあわないいんですよ。普通、床の寸法は決まっていて、カーペットも、その寸法に応じた枚数を買えばいいはずなんですけど……」

気になることはほかにもあった。台所に冷蔵庫を置くスペースがある。

「その冷蔵庫スペースの壁に食器棚が作られているんですよ。でも、冷蔵庫を置いたら、それが隠れてしまって使えなくなるんですよ……」

疑いだしたらキリはないが、とにかく新たな生活が間近に始まろうとしている。猪俣さんは、マンションの住人と大家に挨拶に行くことにした。大家は、猪俣さんのマンションの隣に建つお屋敷で暮らしている。この付近一帯のマンションを経営している地主だった。大家の屋敷に挨拶に行くと、

「……はいはい。今、行きますからね」とお婆さんが出てきた。介護用歩行器具を使いながら歩いているが、それでも歩くのがやっという感じだ。

次は、マンションの住人たちだ。挨拶に行くと、

「このマンションは、自分を含めて六世帯が住んでいるんです。挨拶に行った全員が不安気な表情で自分を見ているんです」

挙動不審のエアコン

住民たちの対応には気になるものがあった。それでも新居での生活を考えると、気持ちは高まるので、深くは考えなかった。猪俣さんは引っ越し準備を進めていった。

一〇一号室は、玄関を開けると廊下があり、突き当たりには収納スペース。廊下の両サ

イドには二部屋ずつ並んでいる。右側には、七畳の洋室が二部屋。左側には四畳半の和室と六・五畳の台所。そして玄関を入って、すぐの左側に風呂場とトイレ、洗面台がある。

猪俣さんは、玄関に近い洋室を仕事部屋に使うことにした。引っ越し準備はまだかかるが、その間にこの部屋で仕事もしたい。夏場なので、仕事部屋にエアコンを取り付けた。

これで快適に仕事ができる、とエアコンのスイッチを入れた。が、様子がおかしい。エアコンがカラカラと聞いたことのない音を立てている。

「風向きを調節する羽がくるくると風車のように回転しているんですよ。突風に吹かれたようなスピードで……。普通、エアコンってそんな動きしませんよね」

リモコンで電源を落とそうとした。

しかし、羽は回り続けている……。あまりに気持ち悪いので、コンセントを抜いて強制終了させた。その後、エアコンは何ごともなかったように正常に作動した。だが……。

「エアコンをつけると設定が暖房になっているときがあるんですよ。リモコンは、いつも机の引き出しの中にしまっているのに……」

部屋にあった煙草が減っている……

引っ越しから一週間たった。新居は、まだ同居生活できる状態ではなかった。猪俣さんは、事務所で寝泊りしながら仕事の合間に、荷物を運び込んでいた。婚約者も暇を見つけては、自分の実家から荷物を運びに来ていた。この日も荷物を運びに一〇一号室に来た猪俣さんは、換気のために、台所のガラス窓を開けようとした。すると、

「あれ？」

前日、一〇一号室を出るときに閉めたはずの窓が開いている……。

「最近、変だよな……」

一〇一号室を訪れるたびに、前日に閉めていた窓やドアや押入れが開いている……。

「ほかにも妙なことが起こり出したんですよね……」

部屋を訪れたとき、ポストに郵便物が入っているのを確認した。しかし、帰りに持ち帰ろうとすると、ポストは空だった。

ほかにも、前日に仕事部屋に置き忘れた煙草の本数が減っている。まあ、煙草の本数なんて正確に数えながら吸うことはない。だから、気のせいかもしれない、と最初は思っていた。

「箱の中に三本しかなかった煙草が翌日、一本減っていたんですよ」

自分がいない間に、婚約者が吸って、窓を開けっ放しにして帰ったのではないか？　そう思い、彼女に聞いてみると、まったく身に覚えがないという。だとしたら……。

「自分と婚約者以外の人間が勝手に侵入しているのでは？」

猪俣さんは、部屋に仕掛けをして確かめることにした。一〇一号室を出るとき、各ドア

の上部にセロテープを貼り、ドアの隙間には名刺を挟んだ。煙草は、事前に箱に入っている本数を数えたうえに、フィルターに爪で跡をつけた煙草を一本忍ばせておいた。

翌日、一〇一号室に入ると、ドアにつけたセロテープがすべて切れている。名刺も落ちている……テープに指紋がついてるかもしれない？　確認するが、指紋は残っていない。煙草を確認したら、狙い定めたように印をつけた煙草だけが消えている。

このことは婚約者には黙っていよう、と猪俣さんは誓った。その夜、彼女はこう言った。

「あの部屋、何か変だよね……」

理由はわからない。だけど、ひとりで一〇一号室にいると、嫌な気分がするという。

謎の通行人

転居から十日経つが、引っ越し作業は終わらない。それでも、猪俣さんは新居に泊まることにした。自分がいない間に、訪れているかもしれない侵入者を阻止するために。

その夜、猪俣さんは仕事部屋のパソコンで原稿を書いていた。が、作業がはかどらない。どうも居心地が悪い。まあ、新居に慣れていないからだろう、と思った。そのとき、

たたたたたたたっ

背後で、誰かが走った⁉　慌てて振り返った。

誰もいない……。

気のせいだったのか？　テレビをつければ、気にならないだろう、と試すが違和感は消えない。試しにテレビを消すと、

たたたたたたっ
すたすたすた

まただ。しかもひとりではない。まるで、複数の人が行き来しているようだ。あまりの騒々しさに振り返ると。

誰もいない……。

念のため、部屋中をくまなくチェックしたが、誰もいない。もしかして、一〇一号室の中ではなくて、マンションの裏で誰かが騒いでるのか？　そう思い、マンションの裏に来てみた。しかし、誰もいない。鬱蒼とした茂みがあるだけだ。茂みのなかに石材のような物がいくつも打ち捨てられている？　近づいてみた。

石灯籠の残骸だ。

「この場所に、何があったんだ……」

そんな疑問が浮かんできた。

この日を境に、仕事部屋で人の行き来する気配を感じることが多くなってきた。

「だから、原稿に集中できなくて……」と語る猪俣さんは、新居に越したものの、気味が悪いので、夜〇時前には、事務所に戻るようになった。

猪俣さんは新居では、まだ一泊もしてない。

謎の衝撃

猪俣さんの話を聞いていて、素朴な疑問が浮かんでしまった。この部屋でひとりのときにセンズリはしたんですか……？

「部屋にいたら、そんな気分にならないですよ……。例えるなら、繁華街でセンズリできないのと一緒なんで」

それはたしかに僕もできませんが、どういうことですか？

「この部屋にいるのは僕ひとりのはずなのに、人の通る気配が激しくて、絶えず人ごみの中にいるような感覚なんです。夏に原稿を書いていると、蚊が飛び回っていてイライラするじゃないですか。それが続いている状態です。そういう感じで消耗していくんです」

でも、「人が行き来する気配」って気のせいかもしれませんよ。仕事と引っ越し作業が重なって疲れていたんじゃないですか？　それに、室内を行き来する者の姿を見たわけではないし……とストレートな疑問をブツけると、猪俣さんの顔つきが険しくなった。

「一〇一号室で感じる不可解な現象は、それだけではないんですよ。この部屋にいると、いきなり両肩をパンと叩かれるんです……」

それにひとりでパソコンに向かっていると突然、

どん

と背中に強い衝撃を感じることがある。そんなことがときどきあったという。

「その衝撃は、角材で突かれるように一点に集中しているんです。場所は、いつも背骨なんですが、不思議と痛くはない。でも、そんなことが起こる部屋ではヌケないでしょ？」

おっしゃるとおりです……。

「いつも、直前まで気配がなく、いきなり脅かすように襲ってくるんです。それからというのも、ひどい肩凝りと背中の痛みに悩まされて……以前から世話になっているカイロの先生のところに行ったんですよ。そしたら、〝背骨が歪んでる。背中を激しくブツけた覚えがあるか？〟と言われましたよ」

思い当たるのは、謎の衝撃しかない。

塩がパンパンに入ったビニール袋

一〇一号室に来てから十五日が過ぎた。

猪俣さんの落ち着かない日々は続く。新居で作業をしていると、相変わらず人が行き来する気配がする。だから、いまだに事務所で寝泊りしている。

これ以上、一〇一号室で生活をするのは危ないのでは……？

そんな考えがよぎるようになった。しかし、引っ越ししたばかりだし、今回の引っ越しで一〇〇万円以上かかってしまった。今さら転居する気にはなれない。いずれ慣れてくるだろう……という期待とは裏腹に、不可解なことは日を重ねるごとに増えていった。

消えたはずの郵便物がある日突然、ポストに戻っている。

朝、マンションの駐輪場に置いていた自転車の後輪タイヤが、ナイフで切り裂かれたように破裂している。修理に出した自転車を駐輪場に停めた。すると、その日の午後、今度は前輪のタイヤが破裂していた……。

ある日、一〇一号室に行くと、台所の流しにおびただしい量の泥が溜まっていた……。

「台所は彼女の仕業だと思ったんですよ。彼女が海で遊ぶのが好きなので、遊具を流しで洗ったんだな、と。でも、向こうは向こうで、僕が泥だらけの靴を洗ったんじゃないか、と思ってたみたいで。それで、しばらく喧嘩になってましたね……」

新居の生活は、恋人関係に支障をきたし始めた。彼女は「あの部屋、やっぱり気持ち悪い……」と一〇一号室には寄りつかなくなってしまった。

異変はふたりの間だけでは終わらなかった。

「一〇一号室に越した直後、叔母が母親に電話してきて〝最近、何か変なことは起きていないか？〟って聞いたんです。母は〝特にない〟って流したんですけど」

それでも、叔母は執拗に電話してきた。〝本当に何も起きてないか？〟と。

「でも、その叔母は自称〝見える〟人なんで、あまり信じていなかったんですよ」

しかし、叔母の予感は当たってしまう。

「母親の体調が悪くなりだしたんです。それに意味不明なことを言うようになって……」

猪俣さんは、叔母に連絡した。すると「あんた、実家に変なものを持ち込んでいないか？」と聞いてきた。

「思い当たったのは一〇一号室の鍵。母親にスペアキーを渡していたんです」

叔母に伝えると、「鍵を、お酒と塩で清めておきなさい」とアドバイスされた。

「すぐに、母親に預けていたスペアキーを実家から持ち出しました」

ほどなくして母親の状態は良くなった。

「それ以来、スペアキー以外の鍵もこうしているんです」

猪俣さんは僕に塩がパンパンに入ったビニール袋を見せてくれた。よく見ると、塩の中に鍵が入っている。まるで、塩漬けされた鍵のようだ。

「実は僕も、一〇一号室の鍵を携帯するようになってから、何度か車に轢かれそうになっているんです。それで、こうしているんです」

打ち捨てられた祠の残骸

一〇一号室に来てから二十日が経った。

相変わらず、一〇一号室には泊まらない生活が続いている。

というのもこのころから、「一〇一号室で暮らさないほうがいいのでは」という思いが強くなっていた。同時に、この敷地にはかつて何があったのか？　という疑問が湧いてきた。

キッカケは数日前、近所に住む老人と立ち話をしたときに聞いた話だった。

「あのマンションのあった場所には、むかし祠があった」

その祠は今、マンションから五十メートル離れた場所に移されているという。老人の言うように、その場所には祠がある。

老人の話が本当なのか？　確かめるために図書館で、一九八〇年代半ばに撮影された空撮写真を見ることにした。祠の場所を確認すると。

今ある場所に祠がない。

「そして、自分の住むマンションのある場所は、かつて大屋の大邸宅の庭だったことがわかりました。そこに、小屋のような屋根が見えたんです」

これは祠じゃないか？

老人の言っていたことが本当だとすると、マンションの茂みに打ち捨てられた石灯籠の残骸や石柱は、祠があったときの名残なのでは……。

祠を見れば、何かわかるかもしれない。

そう思った猪俣さんは、図書館の帰り、祠を見に行くことにした。

「そうしたら、すぐにわかったんですよ」

祠は木造の壁がすすけており、建てられてから何十年も経ったことがわかった。しかし、祠の土台はコンクリート製で、造られてからせいぜい十年ぐらいしか経っていない……。この祠は移し変えられたものに違いない。

「祠の裏に小さな石碑もありました」

それは新興宗教のものだった。

一〇一号室に戻る途中、大家の屋敷に宅配便がやって来た。

「は〜い！」

屋敷から以前、挨拶したお婆さんが出てきた。

スタスタと小走りしているではないか？

自分が会ったときは、歩行器を使っていたのに……。これで腹が決まった。

「一〇一号室から出よう！　もう迷うことはない！」

新たな住居探しが始まった。まずは、ネットの不動産情報ページで探すことした。場所は、やはり同じ駅の圏内がいい、と検索していると……。

自分の部屋が「入居者募集中」と出ている。

ほかの部屋は募集していない。一〇一号室だけだ。まだ、住んでいるのに。ふざけやがって……。明日、問いただしてやろう！　と思ったが、そのとき。

パソコンのモニター画面が、ガタガタと揺れ出した。

モニターに映る一〇一号室の画像が不安定に揺れている……。バグったのか？　と思いほかのページを見ると、画面は安定した。あまりの気持ち悪さに、大家に問いただす気が失せてしまった。

とにかく新居を探すしかない。

命の危険

一〇一号室に来てから、ちょうど一ヶ月が経っていた。

新たな住居は、スムーズに決まった。結局、一〇一号室で夜を明かすことはなかったが、それでも構わない。依然として、肩こりと背中の痛みはとれないが、新居も決まったことで、気持ちは楽になっていた。

そんなある日、猪俣さんは、気晴らしにと友人の住む千葉県館山の海に遊びに行くことにした。朝から海に出かけて、久々の休日を満喫した。小腹が空いたので、コンビニへ買い物に行こうと、友人から自転車を借りた。

海岸沿いにあるコンビニ目指してのんびりと自転車を漕いでいた。午前中ということもあり、日差しもそんなに強くはない。見知らぬ土地をチャリンコで走るのも楽しいな……なんて優雅な気分に浸っていると、

どん

背中に突如、何かがぶつかったような衝撃が襲ってきた。まるで、一〇一号室で体験した衝撃のように。そのまま、意識は遠のいていった。

「大丈夫ですか⁉」

誰かが呼ぶ声がする。その声で目覚めると、揃いの服を着た男性たちが覗き込んでいる。救急車が来て、人だかりができている。でも、何が起きたのか思い出せない。

「病院に運びますから！」

あとで知ったことだが、自転車とともに路上で倒れている猪俣さんを通行人が目撃し、救急車を呼んでくれたという。

「発見があと十五分遅れてたら、死んでいたかもしれない」

「冗談だろ？」と思ったが医師と看護師たちは真顔だ。

「よく、それだけ衰弱した体で外を出歩けましたね……」

いったい、何を言ってるんだ？

詳しく聞くと、「衰弱した病人が炎天下の中を歩き続けた挙句、熱中症になった」状態だと言われた。しかし、自分が自転車に乗っていたのは午前中。日差しも、そんなに強くはなかった。それに、海で遊ぶほどの体力もあった。それなのに……。

原因はひとつしかない。

一〇一号室だ。

一日も早く、あそこから出なければいけない。

謎の床下収納と市松人形

一〇一号室からの脱出準備が始まった。

大家には、仕事の関係で移転するので解約したい、と嘘を言った。

「そしたら、ものすごい笑顔で快諾されましたね」

家財を運び出すのに幼なじみのカメラマンMさんと、運送業者をしているいとこのHさんが手伝ってくれた。入居前の状態に戻すには、床に敷いたタイルカーペットを剥がさなければいけない。せっかく苦労して敷いたのに……。それに、この部屋を借りるために、敷金礼金と家賃も払い、家財も新調した。その結果、一〇〇万円以上かかってしまった。ずいぶんと高い買い物をしてしまった……。忸怩たる思いでカーペットを剥がしていた。

「あれ⁉　これ何？」

玄関付近の床で作業していたHさんの手が止まった。

「この部屋、床下収納あんじゃん！　イイな！」

風呂場とトイレの前の、床に五十センチ四方の正方形の扉がある。猪俣さんも引っ越してきた当初に確認していた。でも、一〇一号室には収納スペースが豊富にあることと、廊下は傷つけないためにカーペットを敷いていたので、気に留めていなかった。

今になって考えてみると気になることがある。この部屋を借りるとき、不動産情報に床下収納があるなんて情報は載っていなかったし、不動産屋からも説明されなかった。

「それなら、開けてみようよ」

Hさんに言われ開けると、中は埃だらけ。深さ十センチほどのスペースに、綿埃がびっしりと積もっている……って、待てよ。そもそも深さ十センチの床下収納って、どういうことだ？　あまりに意味がなさすぎる……これじゃ、床下収納もどきじゃないか。

一〇一号室に新たな謎が浮かび上がろうとしている。そんなこと、もうイイ。自分はこの部屋から出るんだ。深く考えるのはよそう。でも、せっかくだから、ここも掃除しようと猪俣さんは、掃除機で埃を吸い始めた。埃は瞬く間に吸い込まれていく。すると、

「あっ！」

その場にいた全員が声を上げた。今、自分が目にしていることは本当なのか……？

床下収納の中に、汚れた市松人形が横たわっている。

着物を着た、おかっぱ頭の人形が……。いくらなんでも不気味すぎる！　猪俣さんは、人形をつかみ、窓から外めがけて力いっぱい投げ捨てた。

人形は、茂みの中へ消えていった。

「ライターとしては、人形の写真を撮らなきゃいけなかったんでしょうけど……。でも、人形を見た瞬間、あまりの気持ち悪さに捨ててしまったんですよね……」

人形をつかんだとき、妙に柔らかいうえに重い。まるで赤ん坊を抱いているような感じ

がした。その感触は、今もはっきり覚えているという。

あの人形はいつから床下にあったのだろう。あれだけ埃が積もっていたのだから、何年もの間、床下にあったのか？　いや、それ以前に、あの綿埃は自然に積もったものなのか？

もしかしたら、何者かが人形を隠すために大量の埃を詰めたのでは？

だとしたら、誰がやったんだ？

大家か？　それとも、以前の住人か？　自分が住む前、ここで何があったんだ……？

一〇一号室に、新たな謎が浮かんでしまった。

最大の謎——地下室

市松人形があった床下収納もどきの底はベニヤ板でできていた。「ここ変だよ」と言いながら、Hさんがベニヤ板を叩いている。軽い打撃音が聞えてくる。

「たぶん、このベニヤ板の下に何かあるぜ！」

ベニヤの隅は、錆びついたネジが何本も止められている。

「もしかして、埋蔵金とか埋まってるんじゃねぇの!?」

楽観的なHさんは、ベニヤ板を外したくてしかたない。

猪俣さんたちは、ドライバーでネジを外した。そして、ベニヤ板を剥がすと……。

な、なんだ、これは……⁉

床下に、ぽっかりと空間がある。しかし、暗くてよく見えない。マグライトで底を照らしてみた。二メートルほど下にコンクリートの床が見える。

「これ……どう考えても、地下の基礎じゃねぇよ！」

Hさんも呆然としている。基礎じゃなければ、なんだ……もしかして？

「どう見ても地下室だよな……」

市松人形の次は、謎の地下室……。

一〇一号室は、どこまで自分の常識を超えた顔を見せるんだ。あまりに異常なことばかり起こるので、頭がおかしくなりそうだ……。

「どうする……入ってみる？」

「いや……迂闊に入って怪我したら危ないよ」

「……だよな」

彼らは地下室の扉を閉めた。

翌日の朝、猪俣さんの引っ越しを手伝ったHさんは、仕事に向かうため国道沿いの歩道をいつものように歩いていた。かったるいな……なんて思いながら歩いていると、

どん

背中に突如、何かがぶつかったような衝撃が襲ってきて、そのまま意識を失った。

「Hの意識はすぐに戻りました。幸いなことに、国道沿いを歩いていたHは、道路側ではなく歩道側に倒れたんですよ。もしも、道路側に倒れていたら、あの国道は朝の交通量が多いので轢かれていましたよ……」

ちなみにHさんが歩いていたとき、右側が国道。左側が歩道だった。

「普通、右利きの人間って意識を失うと右側に倒れるんですよ。Hは右利きだから国道側に倒れてもおかしくなかったんですが……」

それなら、Hさんはなぜ、左側に倒れたんだ？

「こんなこと言うと考えすぎだと思われるかもしれませんが……倒れたとき、Hの左手の手首には、いつもお守りのように着けている数珠がしてあったんですよ」

要塞マンションの間取り

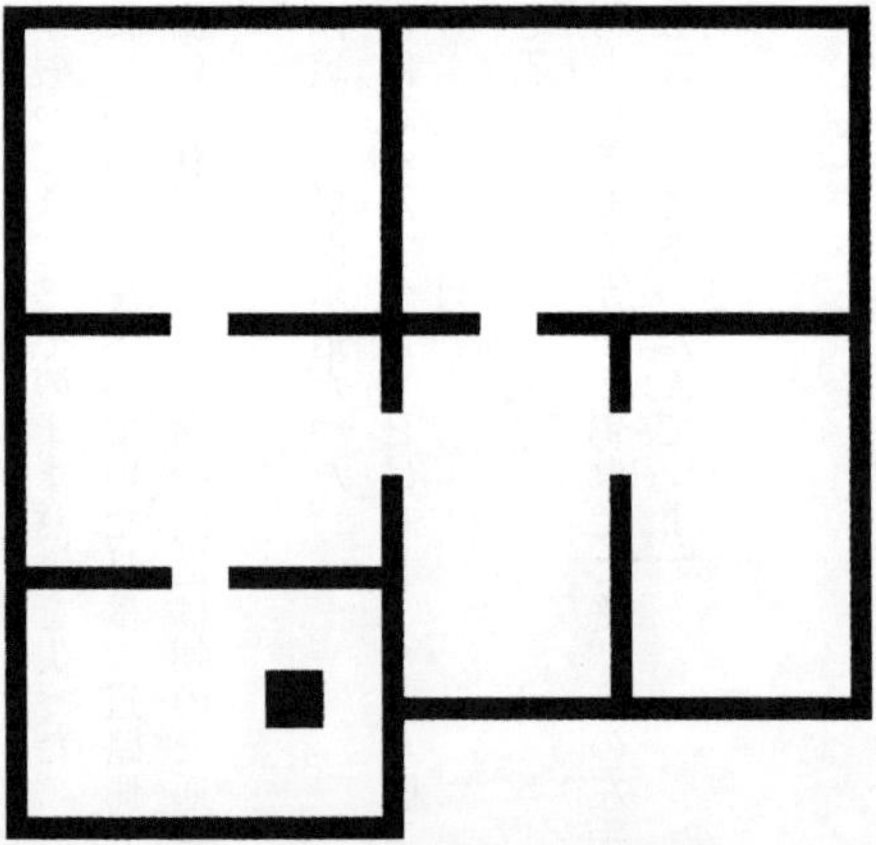

要塞マンション・謎の地下施設の間取り

Chap. 3

「要塞マンション」の怪異　其ノ弐

漆黒の地底探検

「これが床下収納もどきの扉です」

僕の目の前に地下室に続く扉がある。それにしても、エラい話を聞いてしまった……。しかも、怪異が起きた舞台でだよ……。

猪俣さんの体験談には、「人が行き来する気配がする」といった幽霊の仕業と思えるエピソードと、謎の地下室のような人為的なエピソードの両方が含まれている。そのふたつが、絶妙なハーモニーを織り成した結果、ハードコアな謎と恐怖を生み出している。

「扉を開けてもいいですよ」

嫌ですよ。あんな話を聞いた直後だし……と拒む僕を小塩さんが薄笑い浮かべながら見つめている。仕方ない。この扉を開けたら、何の変哲もない収納スペースがありますように！　と持てる力をすべて祈りに捧げながら扉を開けた。どうでしょう……？

残念なお知らせですが、僕の目に見えるのは、底の浅い収納スペースもどき……。そして板を外すと、そこは底知れぬ漆黒の世界……猪俣さんの話は嘘ではなかった。

「当たり前でしょ！　わざわざ夜中に呼び出して嘘ついてどうするんですか」

小塩さんが呆れ返っている。でも、どうせなら嘘のほうが嬉しかったのに……。

「何駄々っ子みたいなこと言ってるんですか⁉　しょうがない人だな……」

そんなこと言っても、僕の身にもなってほしい。だって！　まさか心霊スポットとは知らずに、呑気に足を踏み入れたマンションの一室で、ココまでヘヴィな話を聞かされたんですよ……。ちょっとイキナリすぎやませんか⁉　おかげで、今夜は猛暑激しい熱帯夜なのに、全身の肌がアワ立ってますよ……。よし！　真夏の夜をヒンヤリできる怖い話を拝聴できたことだし！　今夜は帰って寝よう！　とポジティブな決意に拳を固める僕を、小塩さんがダークな笑みを浮かべながら見つめている。どうしたの？

「じゃ、ギンティさん、ちょっと地下に降りてみましょうか？」

え！　小塩のバカ、何言い出してるの？　猪俣さんの体験談を一緒に聞いてましたよね？　猪俣さんが、この部屋に越してきて、数々の異様な体験をした挙句、死にかけたって体験談を聞きましたよね？　それなのになぜ、あなたは僕に「ちょっと一杯いく？」程度のカジュアルさで「地下に降りる？」なんて提案できるの？

「これだけ不可解な体験談のある物件の地下室だから、ギンティさんは入りたいんじゃないかな、と思ったんですよ！」

「思った」って、猪俣さんの体験がハードすぎて、そんなこと思うわけねえだろ！　ちなみに猪俣さんは地下室へは入ったのだろうか？

「いや、気味が悪くてまだ入ってないんですよ」

それならやめたほうがイイのでは？　いとこのHさんは、この扉を開けただけで意識を失ったんだし……。

「ギンティさんみたいな肝試し好きは、地下室に入らないと絶対に後悔しますよ」

そうなんだよな……。目の前にこれだけの逸話を持った心霊スポットがあるのに、手ぶらで帰ったんじゃ、あとになって絶対後悔するよな……。

「そうでしょ！　ギンティさんは臆病だけど、そういう人なんだから！　さっさと、この地下室の謎を確かめましょうよ！」

でも、実際に地下室を目の前にすると足がすくんでくる。それに、ひとりで入るのは危険すぎる。猪俣さんは一階で、背中に衝撃を受け続けた。地下では、さらに想像を超えた目に遭うかもしれない……でも、地下室の様子はすごい気になる。それならば！　小塩さんも一緒に行きましょう！

「なんで僕も行くんですか⁉」

もしも地下室で、僕らの想像を超えた怪異に遭遇したら、どうするんですか⁉

それを身体を張って体験するのがギンティ小林でしょ⁉」

「そうかもしれないけど、怪異があまりにすごすぎた場合、僕ひとりだけで体験しても誰も信じてくれないかもしれませんよ⁉　ここは、後世のために証言できる目撃者がひとりでも多くいるべきですよ！

「ったく！　面倒くさい男だな……」

「まあまあ！　それなら全員で降りましょう」

猪俣さんの大人な判断によって、全員で入ることになった。でも、そうならもっと早く言えよ……と思ったが、さすがにそれは黙っていた。

「じゃ、トップバッターはギンティさんということで！」

小塩さんはあくまでも、まずは僕ひとりに潜入させたいようだ。見たところ地下室の床まで二メートルほどある。降りるための階段や梯子は作られていない。

僕は覚悟を決めた。

穴の向こうにもうひとつの部屋が……

遂に地下室に降りてしまった。そこにあるのは……って、ドス黒い闇しかない。

「ギンティさん、大丈夫ですか!?」

天井に見える入り口から、小塩さんが不安気な顔をのぞかせている。はい！　無事に着地できました！　とは言うものの、視界の身体に何かが触れてきそうな気がして落ち着かない……。小塩さんも早く降りてきてくださいよ！

「やっぱ、僕も降りたほうがイイですか？」

当たり前でしょ！　室内の全貌がまったくつかめない地下室内に、ひとりで放り込まれるのは、廃墟に単独潜入したとき以上に怖い……。漆黒の闇の中に、僕以外の何かが潜んでいそうで……。

「うわ！　なんだ、ココは……」

降りてきた小塩さんが呆気にとられている。さらに猪俣さんとMさんも降りてきた。四人の持つ懐中電灯を使うと、地下室の全貌が見えてきた。

地下室は打ちっ放しコンクリートで造られている。広さは六畳以上あるだろうか。

「室内に何も物は置いてないようですね……」

それだけではない。照明設備も見当たらない。空調設備もない。巨大なコンクリートの箱の中にいるようだ。

「それにしても暑いっすね……」

入って五分もしないうちに、Tシャツが汗でぐっしょりしてきた。おそらく四十度は超えているはずだ。おまけに、地下室内は埃だらけ。四人の男たちが動くたびに、ライトに照らされた埃が室内を蠢く。僕の真横にいる小塩さんが「ちっ！」と舌打ちをした。何か発見したのか？

「違いますよ。ギンティさん、どんどん僕に寄り添ってくるじゃないですか？」

いや……離れた場所に立っていたら、何かに触られそうで。

「だからといって、くっつかないでくださいよ！　暑苦しいじゃないですか！」

小塩さんは嫌がるものの、蒸し風呂状態の地下室の中を、四人の中年たちが微妙に寄り添いながら探検していた。

「あそこを見てください」

猪俣さんが、何かを発見した。壁の真ん中に、六十センチ四方の正方形の穴が空いている。一階の玄関から反対側に位置する壁だ。なんで壁に穴が空いているんだ……？

「あ！　穴の向こうに……」

もうひとつ部屋ある。

僕は「地下室がある」という先入観からひと部屋しかないと思っていた……。奥へと続く部屋があるなんて……。

「僕も、てっきり部屋はひとつだけだと思っていましたよ……」

猪俣さんも驚きを隠せない。

今、アーバンなムード漂うマンションの外観からは想像もつかない地底アドベンチャーが始まろうとしているのか……。壁の厚さは二十センチぐらい。その壁に造られた開口部を通って、隣室に潜入しようとするが、穴の広さが大人ひとりがやっと通れるほどなので、通りにくいことこのうえない。こんな不便な地下施設を造るなんてマトモじゃない。

どんな感性の持ち主なんだ……。

やっとの思いで通った部屋もコンクリート剥き出しの造りで、六畳ほどの広さだ。

「でも、この部屋、天井が低いですよね……？」

およそ一六〇センチぐらいだろうか。四人とも身長が一七〇センチ後半。頭をかがめないと無理だ。懐中電灯を使って部屋を見渡すが、何も置いてないな、と思ったら……またしても！

この部屋の壁にも開口部がある。

「ということは……」

さらに部屋があった……。

いったい、この地下には何部屋あるんだ⁉ 普段、僕が友人と会ったり、酒を飲んだりしている街に、こんな不可解な地下施設があるなんて……。

一〇一号室は、新たな顔を僕らに見せようとしている。

地下要塞でいったい何が……？

探検の結果、地下施設は四部屋に仕切られていることがわかった。

地下施設の床面積は、一〇一号室とほぼ同じ。つまり、一〇一号室の下に地下一階があることになる……。広さだけ考えると、ここで生活できないこともないが、部屋間の移動はすべて小さな開口部のみ。不便なことこのうえない。

「この地下室、戦争モノのドキュメントで見る日本軍の地下司令部に似てませんか？」

猪俣さんの言うように、コンクリートで造られた地下施設は、戦争映画で観た地下要塞のようだ。それに――以前、硫黄島について書かれた本で読んだが、第二次大戦中、日本軍が硫黄島に造った地下要塞の内部は、火山島の地熱で四十度以上あったという。この地下室の蒸し暑さも戦時中の地下要塞を思わせるものがある。

でも、何の目的で都会のマンションに要塞のような地下施設を造ったのか？

「もしかしたら、地下施設のどこかに外に通じる出入口があって、誰かが潜入しているんじゃないですかね？」

それなら、一〇一号室の窓が勝手に開いていて、煙草が減っていたことの辻褄が合う。

しかし、いくら探しても地下室から外へと通じる出入り口はない。地下室への出入り口は、一〇一号室の床下収納もどきだけ。でも、出入り口はベニヤ板で塞がれているうえに、中には綿埃が溜まっていた。この施設は長い間、封印されていたのか……。

「あれ？　何か転がってますよ！」

またしても猪俣さんだ。よく発見する人だな。

「床の隅です！」

ロープの切れ端がある。

ほかにも何かあるのでは？　と探してみたが、ロープの切れ端以外は何もなかった。

「でも、逆に不気味ですよね。ロープしかないというのも……」

もしかしたら、以前はこの地下施設にさまざまな設備が搬入されていた。それらは、地下室の主が退去する際にすべて持ち出したのでは？　そして、ロープの切れ端だけが残った。だとしたら、要塞のような地下施設で何が行なわれていたのだ。空調設備がなく、埃っぽいうえに、夏は四十度以上の暑さ、冬はたけだけしい寒さに見舞われるに違いない。こんな生き辛い施設を都会で使っていた人間って、いったいどんな奴らなんだ……？


「今、誰か僕の右手に触りました⁉」


時刻は深夜三時を過ぎていた。

一〇一号室に戻り、照明の下で皆の身体を見ると、汗と埃まみれでドロドロになっていた。

「気味の悪い場所でしたね……。あんな地下施設、初めて見ましたよ！」

『怖い噂』編集長として数々の怪異スポットを取材してきた小塩さんも、地下施設に驚きを隠せない。僕も地下要塞に潜入したことによって、一〇一号室に対する興味が俄然増していた。それに、一〇一号室で起こる怪異にまだ遭遇してない。

「まあ、ひと晩、暮らしてみたら確実に体験できるんですけどね」

　猪俣さんが言うように、ひと晩暮らしてみたい。ひとりは嫌だけど。取材チームと来て、この部屋で起こる怪異を映像に記録したい。ビデオカメラを設置して定点観測したい！

　猪俣さんに聞くと、明後日の午前十一時には不動産屋に鍵を返却するという。それならば、明日の夜は空いている！　取材したいな……今日会ったばかりの猪俣さんにひと晩、取材させてください、なんてお願いしたらずうずうしいかな？　どうしよう……。

「もう、こんな時間か。そろそろ解散しますか？」

　小塩さんが荷物をまとめ出している。やばい！　早く取材申請しないと……あれ？

　今、僕の右手をスーっと指が撫でた奴がいる。気持ち悪い奴だな。誰だよ？　と振り返るが、誰もいない。おかしい……。今、誰か僕の右手に触りました!?

「何言ってるんですか？　誰も触っていませんよ」

　え？　そうなの……。おろおろする僕を見た、猪俣さんがため息を漏らしている。

「ああ……遂にギンティさんも体験しましたね」

　ということは……？

「この部屋にいると、ギンティさんみたいに優しく触られることもあるんですよ」

　……遂に一〇一号室に棲むものと接触してしまった！

「さすがギンティさん！　やるなあ！」

小塩さんが妙な感心している。でも、「さすが」なのは僕じゃない。一〇一号室だ。この部屋は、これ以上ないくらい合格な心霊スポットだ。もう、取材申請するしかない！

あの……一〇一号室は、これだけすごい物件だから、映像に記録したほうがイイと思うんですよ。つきましては、明日の夜、取材させていただけたら嬉しいのですが……？

「イイですよ。僕は予定があるので立ち会えませんが、鍵を開けとくので」

あら？　随分あっさりと快諾してくれたよ、と驚いたが実は今夜、僕が一〇一号室に来る前、小塩さんが「ギンティさんが、この部屋に来たら絶対に〝もっと取材したい〟と言うはずだ。だから取材させてくれ」とお願いしていたという。小塩さんも日ごろはクールな人でなしに見えて案外イイとこあるんですね。

おかげで、一〇一号室との延長戦が決まった！

その後、僕は猪俣さんにアドバイスをもらいながら、取材プランを固めていった。一晩、定点カメラを置いて撮影したいんですよ、と言った途端、猪俣さんは苦い顔つきになった。

「以前、自分がいない間に一〇一号室で何が起きているか確かめようと、パソコンのウェブカメラで撮影しようとしたんです」

しかし、ウェブカメラの録画は、猪俣さんが一〇一号室を出た直後、勝手に切れてしまった。ますます打率の高いスポットだな……。それならば明日は、定点カメラを二台用意しよう。で、問題は定点カメラをどこに置くかだよな。

「仕事部屋じゃないですかね」

もう一台は地下施設に仕掛けることになった。カメラの置く場所は決まった。ほかに明日の延長戦に向けてできることはないか……そうだ！　僕も、猪俣さんが仕掛けたように、一〇一号室にあるすべてのドアに紙を挟んで帰ろう。これで準備は整った。

僕は一〇一号室を、「要塞マンション」と名づけることにした。


時刻は深夜四時。猪俣さんとMさんは自宅へと帰った。僕は、始発を待つ小塩さんとともに駅前の居酒屋でお清めをすることになった。

「ギンティさん、明日の取材はカメラを仕掛けるだけなんですか？」

そんなことはありません！　猪俣さんには言えなかったが、要塞のような地下施設を探検している間に、僕の中でプランは固まっていた。それは、ＳＲシンレイノラッパーを連れて行こうと思うんですよ！

「イイですね！　実現したら『怖い噂』で記事にしてくださいよ！」

小塩さんもノリノリだ。しかし、

「申し訳ないんですが、明日の夜、僕は仕事で取材には同行できないんですよ……」

しかし、要塞マンションに突入できるのは明日しかない。

地下室に続く扉……その先には漆黒の世界が広がっていた……

謎の地下室を探検するギンティ小林

Chap. 4

「要塞マンション」の怪異　其ノ参

SRシンレイノラッパー・イン・ザ・要塞マンション

家に帰ると、ネットの不動産情報に要塞マンションが載っているか調べてみた。すぐに見つかった。詳細な間取り図が掲載されている。しかし、間取り図にも設備の説明欄にも、床下収納に関する情報は載っていなかった。

午後〇時を過ぎた。そろそろ、今夜の主役・SRクルーたちに召集かけるか！　一応、小塩さんが参加できないことも伝えないとな。

まずはダンス担当の森ボーイこと市川力夫。数々の心霊スポット取材で身体を張ってきた彼なら要塞マンションの情報を聞けば飛びついてくるはず。で、電話したら、

「マジっすか⁉　そんなにすごい場所があるんすか⁉　絶対行きますよ！」

ほらね。ふたつ返事で参加したでしょ。

次はラップ担当のメテオ。彼は『怖い噂』をリリックの参考にしている、と豪語していたほどのオカルト好きだから、要塞マンションの話を聞けば参加してくれるはず。電話に出たメテオは案の定、要塞マンションの話に感動している。しかし、

「どうしようかな……」

歯切れの悪い返事が戻ってきた。話が急だったのかな？

「いや、今夜は暇ですよ。取材には行きたいんですけど……」

それなら何？　やっぱ要塞マンションが怖すぎるのかな……。

「小塩さんが来ない場合、僕の飲食代は誰が払ってくれるんですか⁉」

……セコすぎる。

「それに取材後、お清めを兼ねて飲みますよね？　割り勘になるんですか？」

とにかく飲食代の問題をクリアしないと参加してくれないようだ。金のことは心配しなくてイイよ。マネージャーの俺がなんとかする。それに取材に参加したら小塩さんからギャラが出るよ。

「それなら行きます！　いやあ、マンションの下に地下室があるんですか⁉　ヒップホップ代表として頑張りますよ！」

なんて現金な奴なんだ……。


最後に残るのは、ヒューマンビートボックス担当のペッティングボーイ。この男はクルーのなかで最も短気だ。しかも画期的な怖がりなうえに取材を重ねるごとに僕への反骨精神を高めている……。でも、血の気が多いくせに臆病なペッティ君が、心霊スポットで見せるリアクションには得難い魅力がある。ここはなんとしてでも参加させなければ！　だけど、要塞マンションで起きたことを詳細に語ったらアイツは絶対に来ない。とりあえず、僕が指を触られたことは黙っていよう。そして「マンションの下に地下室がある」ことと「入居者が怪異を体験したらしい」とだけ伝えよう。と意気込んで電話したところ、「なんでイキナリ今夜なんだよ！」

予想どおりの返事が来ました。そのままペッティ君は堰を切ったように、僕への文句を言い出した。

「俺、こう見えて忙しいんだよ！　先輩のイベントに顔出さないといけねえし！　あと俺の彼女がアンタのことボロクソ言ってるよ！　〝彼氏を騙して心霊スポットに連れて行くバカヤロウ〟だって！　悪いけど、俺の人生に心霊なんて一ミリも関係ないからよ！　この先の俺の人生につながるとも思えねーし！　何のメリットもねえよ！」

まったく君の言うとおりなんだけど……とペッティ君を一時間ぐらいかけて必死になだめた結果、取材に参加してもらうことになった。こうして今夜、要塞マンションに突入するためのベストメンバーを集めることができた。それにしても……SRクルーの三人といると、自分が、猿と豚と河童の操縦で苦労している三蔵法師になったような気分になるんですよね……。そんな三人には今夜、画期的な企画にトライしてもらう。フリースタイルバトルではない。もっと斬新な企画を考えている。

室内に木霊する女性の叫び声

午後十時。まずは要塞マンションの最寄り駅で、森ボーイと今夜の撮影を担当してくれる「怪談 新耳袋殴り込み」シリーズのカメラマンと合流した。

いよいよ、要塞マンションへの突入が始まる。ここから先は、何が起こるかわからない。そして一〇一号室で起こるあらゆる現象を、映像に記録する。僕はビデオカメラの撮影準備を始めた。よし、準備完了！　と気合いを入れて玄関に入った。

「ギンティさん、何鼻息を荒くしてるんすか？　靴箱の上を見てくださいよ！」

力夫の声で我に帰った。靴箱の上を見て呆然としている。

「ビニール袋の中に塩漬けされた鍵が置いてありますよ……」

驚くのはまだ早い。実は昨日、一〇一号室を出る前、すべてのドアに紙を挟んでおいた。何か怪異が起きているかもしれない、と僕らは部屋にあるドアをくまなくチェックした。しかし、ドアに挟んだ紙はすべて昨日のまま。台所の窓もちゃんと閉まっている。幸先の悪いスタートだな……。とりあえず、台所で一服しますか？

「そうですね」と全員が廊下を歩き出した瞬間、

ぎゃぁぁぁっ　ぎゃぁあああっ

「今、女の声が聞こえましたよね……」

力夫の問いに僕らは力強くうなずいた。でも、叫び声のわりには、音量は大きくなかった。しかし、屋外から聞こえる音とは違うような気が……？

「そうですよ！　今の声、家の中からでしたよね……？」

本当に室内から聞こえたのか？　試しに、仕事部屋に使っていた洋室の窓を開けてみる。遠くで人の声がするが、さっき聞いた女の声とは音の質が違う。さっきの声は、室内にあるボリュームを絞ったテレビから漏れてくる音声に近かったような……。

ぎゃぁあぎゃぁああああっ

まただ！　イイ歳した男たちが真夏の空き家の中で、抱き合ってしまった。

「さっきの女の声、耳にこびりついて離れないな……」

一〇一号室に入ってすぐに遭遇した。

今夜はすごい怪異が撮れるかもしれない。なぜなら、僕には心霊スポット取材史上、前代未聞のアイデアがある！　その詳細はのちほど発表するとして、時計を見ると、もうすぐ午後十一時。そろそろメテオとペッティングボーイが合流する時間だ。

「そしたら俺、ペッティさんたちを迎えに行ってきます」

力夫が待ち合わせ場所に出て行った。なぜ、ＳＲクルーのふたりの集合時間を遅らせたのか？　答えは簡単。マネージャーの僕にとって、クルーたちはアーティストさんですから。彼らの到着前に、アーティストに気分良くパフォーマンスしてもらうステージを用意しておかないといけないんですよ。

そんなわけで、定点カメラの設置をしなければいけない。設置場所は、仕事部屋に使っていた洋室と地下施設の二箇所。

仕事部屋の定点カメラは、廊下側に向けて設置した。こうすれば、廊下で何か起きた場合もフォローできる。しかもハードディスク内蔵カメラだからひと晩中撮影できる。

次は、カメラマンとともに地下施設に定点カメラを設置する。しかし、取材準備と言っても、地下施設に潜入するわけだから、これもなかなかのミッションだ……。

地下施設は今夜もサウナのような暑さだ。定点カメラを設置する部屋が、のちほどＳＲクルーたちのステージとなる。それならば、一番奥の部屋にしよう。そっちのほうがアドベンチャー感が増すから。流れ落ちる汗と格闘しながら、ステージづくりにジャーマネ魂をスパークさせた。その甲斐あって、定点カメラを仕掛けただけでなく、蝋燭を灯すこともできた。打ちっ放しコンクリートの空間に、儚げな火影が漂っている。画期的な恐怖ムードを演出できた！　クルーたちが、この部屋に来たら発狂しちゃうんじゃないか……？

「ところでギンティさん、ここでラッパーたちに何をやらすんですか？」

カメラマンに聞かれたが、もう少しお待ちください。クルーたちと合流したら発表しますんで！


「もう嫌だ！　俺たちこの部屋に歓迎されてないんだよ！」


「遅くなりました。メテオさんとペッティさんを連れてきました」

遂に今夜の主役のお出ましだ！　お疲れ様！　ステージの準備は整ったぞ！

「……」

ふたりとも無言で一〇一号室に入ってきた。なんだ、そのテンションの低さは⁉　ペッティ君にいたっては、思い切り僕をニラみつけている。滅多にお目にかかれない怪異スポットに来ているというのに……。ここはペッティのぶったるんだフンドシを締め直してやるか！　ペッティ君、玄関の靴箱の上を見てみろよ。

「なんすか」と興味なさ気に靴箱を見た瞬間、ペッティ君がムッとしだした。

「もーっ！　なんで、鍵が塩だらけになっているんだよ！　いきなり怖いじゃねえかよ！」

ペッティのハートは早くも壊れかけている。それでイイ。


いよいよ、ＳＲシンレイノラッパー・イン・ザ・要塞マンションが始まる。まずはクルーたちに今夜のダンドリを説明する。皆に、玄関近くの洋室に入ってもらった。

「嫌だよな～！　この部屋、通行人の気配とかしたんだろ⁉」

ペッティ君が重い足取りで、洋室に入っていく。そんなペッティ君の背後に忍び寄った力夫は、ペッティ君の耳たぶをこっそり触る、という幼稚な悪戯をしている。

「あああああっ！　森……テメェ、やめろよ！」

「ペッティさん、俺じゃないすよ！」

その姿は、居残り授業の教室に入っていくバカ生徒たちのようだ。

「え⁉　今の誰だよ……？」

ペッティ君がまた狼狽している。まだ悪戯されてるのか……どうせ、また力夫の仕業だろ？

「違いますよ！」

力夫が全力で否定してきた。聞くと、彼らが入った瞬間、

うん　うん

という男のうなずき声のようなものが聞こえたという。って、僕は聞こえなかったけど。

「俺も聞きましたよ！」

メテオも聞いたようだ。カメラマンも頷いている。

「今の声、ビデオカメラに記録されているはずですよ！」

確認したら、本当に入っている……。重苦しい男の声だ。

「もう嫌だ！　俺たちこの部屋に歓迎されてないんだよ！」

ペッティ君は、洋室から飛び出してしまった。おーい、戻ってこい！

「嫌だ！」

廊下で直立不動のまま一歩も動こうとしない。まだ取材していないのに……。

「痛っ！」

今度は力夫が大声をあげながら、右腕をさすりだした。って、どうしたんだよ⁉

「……右腕にBB弾で撃たれたような痛みを感じたんですけど。僕に何か投げました？」

そんな悪戯、誰もしていない。

「そういえばギンティさんも昨日、右腕を指で撫でられたんですよね……」

……力夫、それを言っちゃダメだ。ペッティくんには内緒にしてたのに！

「そんなこと聞いてないぞ！　もう嫌だよ！」

ほら見ろ……ペッティ君がますます不機嫌になっちゃったよ。これじゃ取材が進まない。この現場を打破するには、力夫の件が怪異だとしても、ひとまず「気のせい」ということにしなきゃ！ 僕が昨日、触られたのは気のせいじゃないかな？ 力夫もそうだろ？ 何かが当たった気がしたんだよな⁉

「……え？」

力夫が返答に困っている。頼む、気のせいだと言ってくれ！ と念力を送るが……。

「あっ！ なんだ、これ？」

メテオが床から何かをつまみあげている。見ると、成人男性の奥歯ほどの大きさの白い小石だ……。この欠片がブツかったのか？

「これ、天井の破片なのかな？ この部屋、天井が白いし」

それなら、天井のどこかに痕跡があるはずだ。しかし、いくら探しても天井に小石大の破片が欠けたような箇所はない。それに欠片をよく見ると、天井とは材質が違う。念のため、室内の壁、窓枠など洋室内をくまなく探した。しかし、該当する部分はない。

白い欠片はどこから飛んできたんだ……。

ラッパー・メテオに突如起きた「異変」

今夜はとびっきりの企画を用意しているのに、怪異に邪魔されてなかなかスタートでき

ない。まあ、取材的には順調かつ不吉なペースで怪異に遭遇できているわけですが、

「変な声、聞いちゃったし、変な欠片が飛んできちゃうし！　もう俺、絶対にこの部屋に入らないからな！」

こんな調子でペッティ君がおむずかりなんですよ……。

「もう帰りてえよ！　心霊現象は充分撮れただろ⁉」

正直、僕も次々と起こる怪異に心が折れそうになっている……。しかし、要塞マンションは今夜しか取材できない。もっと粘れば、ものすごい怪異を撮れるかもしれない。

「あれ⁉」

またしても力夫が驚きだした。……もう！　今度はいったい何ですか？

「外にいるときは気づきませんでしたが、よく見るとメテオさんの顔が黒いんですよ！それに元気ないし！　大丈夫ッすか⁉」

……そんなことで驚くなよ。言っておくけど、メテオは普段から地黒だよ。それに、ラップするとき以外は静かだし。だから黙っているときは、デカいかりん糖が歩いてるよ、って思ったこともあるぐらいだよ！　と言おうとしたが実際問題、メテオの調子は悪そうだ。気分が悪くなったのか？

「ずっとウンコしたいんです……」

……子どもじゃないんだから勝手にしろよ！　トイレは部屋を出て、すぐそこだから！

「……いや。ここのトイレでするのは、怖すぎるんで」

そうは言っても、もう土俵際なんだろ？

「……でも、トイレでひとりになるのが怖いんで」

もう一度説明しますが、メテオが脅えるトイレは、僕らのいる洋室から二メートルほどの距離にある。それなのに来年、三十歳になろうとする男がトイレに行けないなんて……。

「オレ大丈夫です！　ウンコ我慢します！　心配しないでください！」

知るかよ。俺は子育てしてるんじゃないんだから……。どうなってるんだ、今夜は？

「部屋に入りたくない！」って駄々こねる奴がいるわ、ウンコできない奴がいるわ、俺は小学校の先生かよ……そうだ。そう思ったほうが気が楽になる。コイツらとは小学校の熱血先生のような気分でコミュニケーションを取るしかないんだ！　ペッティ君、早く部屋に戻ってきな。不思議な体験が待ってるよ！

「絶対に嫌だ！　やりたきゃお前、ひとりでやれよ！」

ワガママ言うな！　メテオはウンコ我慢しながら頑張ってるんだぞ！　そうだよな？

「はい。ウンコしたいけど、頑張ります！　ペッティさんも頑張りましょう！」

「ウンコしたきゃ勝手にしろよ！　俺だって缶チューハイ飲みすぎて小便したいんだ！」

だったら小便しろよ！

「嫌だ！　怖すぎる！」

顔をサングラスとバンダナで隠したペッテイ君が激怒している。外見だけ見るとアウトロー風味満載なのだが、怒っている内容は幼児レベル……。なんか、コメカミの辺りがチリチリと痛くなってきた。しかし、ココで投げ出してはいけない。なんかイイこと言わなきゃ！　ええと……そうだ！　やっぱり心霊スポットって怖いよな？　それに、心霊スポットでフリースタイルバトルをするのは、僕が出演している「怪談 新耳袋殴り込み」シリーズ以上の特殊任務かもしれない。

「そうだよ！　だから俺は」

ちょっと待て！　話を最後まで聞いてくれ！　この特殊任務を遂行し、常に怪異を記録しているお前らSRシンレイノラッパーは貴重な存在なんだ！　ペッティ、森ボーイ、メテオの三人はライトスタッフなんだよ！

さっきまで徹底抗戦の姿勢を崩さなかったペッティ君が黙って聞いている。よし！　もうひと押しだ！　そして今夜、SRシンレイノラッパーは心霊スポット取材史だけでなくヒップホップの歴史的にも前人未到のチャレンジを行なう！　そんな君たちのチャレンジを僕は映像に記録し、後生に伝えるために作品にしたいんだよ！　映像が完成した暁には、オカルト映像だけじゃなくヒップホップ映像的にも今までにない作品になるはずだよ！

「ぶっ！」

僕の発言を聞いた力夫が吹き出してしまった。セリフが臭かったかな……と思いきや、

「それなら頑張りますけど……」

ペッティ君が、さんざん入室を拒んできた洋室に足を踏み入れてくれた！　良かった……。それにしても取材するまでに随分時間をかけてしまった。皆さん、長らくお待たせしました！　今度こそ、今夜の取材が始まりますんで！

ヒップホップ史上初の試み

時刻は深夜○時。

「そんで、今から俺たちに何をやらせる気なんですか？」

ペッティ君、よくぞ聞いてくれました！　そして読者の皆さん、遂に僕の考えた画期的なプランを発表するときが来ましたよ！　今夜、この一〇一号室の洋室と地下室に二台の定点カメラを仕掛けました！

「それは聞いたよ！」

まあまあ、最後まで聞けよ。その定点カメラを仕掛けた二部屋で、君たちにヒップホップ史上初の試み、フリースタイル・コックリさんをしてもらいます！　どうだ？　三人とも、俺の発表にジーンと来てるんじゃねのか？

「言ってる意味がわかんねえよ！」

ペッティ君がムッとした。ちょっと説明を略しすぎたな。ちゃんと説明しますから！　フリースタイル・コックリさんとは——質問者がコックリさんに呼びかけるパートをすべてラップ調で行なうというもの。当然、その間はヒューマンビートボクサーも口でビートを刻まなければならない。どうです？　斬新なアイデアでしょ？　あまりの前代未聞なアイデアぶりに、説明している自分まで感動しちゃったよ。と思ったのですが、

「くだらねえこと考えてるんじゃねえよ！　こんなことで前代未聞になりたくねえよ！」

ペッティ君は激怒している。しかし、これはかなり革新的なアイデアなはずですよ。これまで、心霊スポットでフリースタイルバトルを仕掛けてきたが、反応がないときもあった。しかし、コックリさんという、この世ならざる者とのコミュニケーション・ツールを使えば簡単にバトルできる！　これは流行るんじゃないかな？

「流行んねえよ！　それに、俺は普通にコックリさんをやること自体怖いんだよ！　『うしろの百太郎』読んだことないのか!?　コックリさんやった先生が発狂したんだぞ！」

「そうっすよ！　『うしろの百太郎』怖いんすよ！」

なんだ！　その反抗的な態度は……人がせっかくサクセス童貞のお前らをサニーサイドに導こうとしてるのに！　それに要塞マンションを取材できるのは今夜限り。我々の業界では「いつまでもあると思うな、心霊スポット」って言うぐらいですから、トットとやってもらわなきゃ！　さあ、今からヒップホップ並びにオカルトの歴史を塗りかえるんだ！

「よう〜！ コックリさん、コックリさん〜」


「ギンティさんは今日、何もしないのかよ!?」

またペッティ君ですよ……。僕は、すでに重大なミッションをひとつ終えたよ。お前らが来る前に、地下施設に潜入して定点カメラを仕掛けてきたんだから。

「それだけ？」

何、その不満そうな態度は？

「アンタはコックリさんに参加しねえのかよ!?」

しないよ。だって今夜の主役は君たちだよ。

「だったらコックリさんへの質問はアンタが考えろよな!?」

ペッティ君の発言にクルーたちも同意している。まあ、それぐらいは引き受けますよ。


午後十一時に集合したはずが、幾多の足止めをくらった結果、すでに深夜一時になっていた。フリースタイル・コックリさんの準備は整った。よし！ 今から歴史的なチャレンジが始まる。だけど緊張することはない。アーティストのアルバム録音ぐらいの気分で臨んでくれ。地下にも録音スタジオ用意しておいたから！

「何がスタジオだよ。ただの地下室じゃねえかよ！」

ただの地下室じゃねえよ。謎の地下施設だよ！　とペッティ君に言い返そうと思いましたが、これ以上ヤツを怖がらせたら、また振り出しに戻ってしまう。とにかく、これは伝説になるから！　お前らの勇気ある挑戦はちゃんと記録するから！　じゃ、まずはこの洋室でやってみますか⁉

クルーたちは、五十音表の上に置かれた十円玉に人差し指を添えた。

「僕……脂性なんで、指離すときに十円玉が離れないかもしれないんですけど……」

メテオが不安げな顔で五十音表を見つめている。いろいろ準備に時間がかかってしまったが、今度こそヒップホップ並びにオカルトの歴史を塗りかえるんだ！

決意を固めたクルーたちは左手で固い握手を交わし合った。ペッティ君が左手の拳を口の前に添えると、ビートを刻み始めた。


ぷっ、ぷっぷ、ぷっぷぷ！

よう〜！　コックリさん、コックリさん、俺たちこれやってぽっくりさ〜逝っちまうかもしんねーけど、とっくにさ、罰当たりなことは覚悟のうえ〜！　よう、俺らどんだけ、やってるかっていうの証明するぜ！　本気だぜ！　ＳＲシンレイノラッパーズ、かんぱーつ入れず〜喰わーす！　一撃ひっさーつ！　幽霊すら蹴散ら〜す！

今夜もメテオのラップは絶好調だ。そろそろ質問に入って、と指示を出した。しかし、

よう〜！　万券つかめ、これでギャラ、ジャックポット、いえ〜！　出てくるぜ、湯水のごとく金を使うこのギャラ使いまくる〜そんでソープ行く、それぐらい、俺たち、まじでこれで夢をつかむ、いえ〜！　いえ〜！

いえ〜、じゃねえよ。リリックが浮かばないなら、早く質問しろよ！

コックリさん、よう！　お願いします！　もしお越しになったら「はい」の方へ〜よう！　動いて「はい」に指してくれ！

やっと質問に移った。このまま十円玉が動くまで待てよ、と思いきや、メテオは間髪入れずにラップを続けた。もしかして、コックリさんが怖くてラップに逃げてるのでは……？　決意のラップはもうイイよ。質問タイムに移ってくれよ、と慌てて指示を出す僕と、そんなことはお構いなしにラップを続けるメテオのやり取りを見た力夫が吹き出してしまった。マズい……。せっかくヘビィな心霊スポットにいるのに、売れる見込みのない

コント集団のようなムードを醸し出してしまっている。メテオ、頼むよ～！　お前のラップ、リリックを重ねていくうちに陽気なムードが出ちゃってるんだよ！

よう！　ここにいる！　マジでイル！　病みすぎている！　チルしたい～けれども俺はもうどうしようもないくらい～クライ～かなりテンションも暗い！　ようでもフライ！　はい！　なんとかハイでいきたい！　スカイハイ！　雲もつかめるくら～い！

何がスカイハイだ。呑気なこと唄いやがって。雲なんてつかまなくてイイから早く質問しろよ！

そうそう！　コックリさ～ん！　コックリさ～ん！　お越しになったら「はい」の方へお願いしま～す！

やっと聞いてくれた！　そのまま全員動くなよ！　僕らは固唾を飲んで十円玉を見守った。さあ、どうだ!?

しかし、十円玉はピクリとも動かない。

「来るわけないっすよね……」

力夫が苦笑いしている。

「メテオさんのラップが長すぎて、何質問したかわからないっすよ。ラップの意味ないんじゃないかな……」

……うるさいんだよ、この正直者が！　僕もハッピームード漂うメテオのラップを聞いているうちに「こりゃダメかも……」という不安が込み上げてきていたんだよな。

かくして、オカルト史並びにヒップホップ史に風穴を開けるはずのプロジェクトは失敗に終わった……。

じゃ、次はルールブックに則ったコックリさんをやりましょうか……？

コックリさん・第二ラウンド

第二ラウンドが始まった。

「コックリさん、コックリさん、十円玉にお入りください……。いらっしゃいましたら〝はい〟の方に動いてください……」

愉快な空気に包まれてしまったフリースタイル・コックリさんとは打って変わり、オーソドックスなコックリさんは思わず、「コックリさんはこうでなくちゃ！」と言いたくなるほどの辛気臭いムードを漂わせている。最初から、こうすりゃ良かったんですね……。

しかし、十円玉はなかなか動かない。十円玉が動くまで呼びかけて、と指示を出した。

「コックリさん、コックリさん、十円玉にお入りください……」

「プッ！」

おい！　今笑ったのは誰だ⁉

「仕方ないじゃないっすか～！」

皆さん、力夫の野郎です。お前、何笑ってるんだよ……。

「だって、直前までフリースタイル・コックリさんやってたんすよ～！　あんなバカみたいなことをしたあとに真面目な顔なんてできるわけないでしょ！」

力夫は爆笑しだしている。もう今夜の取材はダメかもしれない……。正直焦りました。せっかく要塞マンションに来たのに、フリースタイル・コックリさんどころか普通のコックリさんも失敗するなんて……。このままじゃ猪俣さんが一〇一号室で体験したヘビィな怪異に申し訳が立たない！　ここはなんとしてでもコックリさんを成功させなくては！

「あの……その前に一服してもイイですか？　かなり神経使うんで休ませてください」

いかん！　コックリさん成功に焦るあまりメテオたちの体力をケアしていなかった……。じゃあ、台所で一服しよう！　と言った途端、メテオとペッティ君は洋室を飛び出して行った。僕らも退室しようとしたとき、立ち上がろうとした力夫の身体がよろめいた。

「あああああっ！」

そのまま豪快に尻餅をついた。さっき笑った罰が当たったんだよ。

「そ、そうかもしんないっす！　この部屋、怖い！」

え？　コイツ、何言いだしてるの……。

「……ギンティさん、うわ、やっば！　どうしよう⁉」

狼狽している力夫の顔を見ると、目にはうっすらと涙を浮かべている……。

「……い、今立ち上がろうとしたら、俺のTシャツの裾を誰かが引っ張ったんですよ！」

それで転んだのか……本当に罰が当たっちゃったよ。この部屋に棲む何かが二度も力夫に接触した……今、力夫は仕上がっている。と思ったのに……。

「嫌だ！　絶対にやりたくない……やりたくない！」

そのまま「やりたくない」とうわ言のように繰り返している。あらら……力夫をコックリさんレギュラーから外さなきゃいけなくなってしまった。部屋を出るとき、力夫に、Tシャツの裾を引っ張られたことはペッティ君に黙っておけよ、じゃないとレギュラーがもうひとりベンチ入りしちゃうから、と念を押した。

「やばい！　勝手に動く！　何もしてないのに！」

力夫の代わりに誰をレギュラーに昇格すればイイんだろう？　おそらくペッティ君は僕にやれと言うだろう。それでもイイんだが、今の僕は怪異を撮らなきゃ！　と焦りすぎている……。そういう欲にとらわれた人間ではコックリさんは動かせないのでは？　というわけでカメラマンに代打をお願いすることにした。ちなみに、この休憩中、メテオは一〇一号室のトイレでウンコするか散々悩んだ挙句、「やっぱり怖いからやめよう」と断念したことをつけ加えておきます。

第三ラウンドが幕を開けた。

「コックリさん、コックリさん、十円玉にお入りください……」

今度こそ動きますように！　と切なる願いを込めて見守っているが、十円玉は動いてくれない……。そのたびにクルーたちは粘り強く呼びかけている。

「コックリさん、コックリさん、十円玉にお入りください……」

それにしても、何もない空き部屋でコックリさんを囲む三人の姿は、イイ歳して人生ゲームに興じる無職のようで切ない。

「コックリさん、コックリさん、十円玉にお入りください……」

十円玉がズルズルと動きだした！

同時に「はあー……は、はー……」とペッティ君の呼吸が荒くなりだした。大丈夫か⁉

「はあああー……やばい！　やばい！　勝手に動く！　何もしてないのに！」

そう言いながら十円玉から顔を背けた。それでも十円玉は動き続ける。

「はあああっ！　は、はあっ！　はあああっ！」

ペッティ君の呼吸はさらには激しくなっていく。

「も、もうダメだ……！」

極度の緊張に耐えれなくなったのか、ペッティ君の身体が崩れそうになった！

「ペッティさん！　十円玉から指を離しちゃマズいっすよ！」

力夫の激を聞いたペッティ君は意識を取り戻した。その間も十円玉は紙の上をぐちゃぐちゃと動き続けている。そして、

……はい

コンタクトは成功した……。念のため確認しよう。

「コックリさん、コックリさん、いらっしゃいましたら〝はい〟の方へ動いてください」

十円玉はすぐにズルズルと動き出した。しかし、「はい」か「いいえ」には動かない。

五十音表の上をぐねぐねと動いている。そして、

……男

とりあえず、鳥居に戻ってもらえ！

「コックリさん、コックリさん、鳥居にお戻りください！　コックリさん、コックリさん、鳥居にお戻りください！」

十円玉は鳥居に戻った。

「さっき〝男〟で停止ましたよね？」

それなら性別を聞いてみようよ。

「コックリさん、コックリさん、あなたは男ですか？」

……はい

返事し終わると、十円玉は再び五十音表の上を徘徊し始めた。

「やばい！　やばい！　勝手に動き出した」

「コックリさん、コックリさん、鳥居にお戻りください！」

しかし、十円玉は今も紙の上を彷徨い続けている。そして、

に……お……と

におと？　この男の名前のなのか？

「コックリさん、コックリさん、あなたはにおとさんですか？」

……はい

「におとさん、におとさん、この部屋はいい部屋でしょうか？」

……いいえ

「はあああっ……嫌な答えだよ！　はあああっ！」

ペッティ君の呼吸が再び乱れ始めた。

「におとさん、におとさん、あなたはここに住まれてる方でしょうか？」

……いいえ

どういうことだ？

「におとさん、におとさん、この部屋には誰が棲んでいるのですか？」

……女

それならば、その女性のことを好きか聞いてみて、と指示を出した。しかし、クルーたちは「その質問、ヤバくないですか？」と取り合ってくれない。それなのに……。

十円玉が勝手に動き出している。

「ギンティさんが指示を出した直後に動き出しましたよ！」

そんなバカな……僕はコックリさんに参加してないのに！

……いいえ

そのまま十円玉は停止した。……におとさんは、ここに棲む女性が嫌いってこと？

「ああっ！」

コックリさんをするクルーたちが取り乱し始めた。

「いててっ！　十円玉が回転し始めているんですよ！」

そんなバカなことがあるわけ……本当だ！「いいえ」の位置にある十円玉がゆっくりと回転している……。しかし、十円玉から指を離すわけにはいかない。そのため、クルーたちは三人まとめて合気道の達人に手首を捻られたような状態になっている……。

「いててっ！　ヤバいっすよ！　怒ってるみたいですよ！　どうすりゃいいんですか⁉」

クルーたちの限界が近づいている……。におとさんに鳥居に戻ってもらうんだ！

「におとさん！　におとさん！　ありがとうございました！　鳥居にお戻りください！」

しかし、戻ってくれない。もう逃げるしかない！　謝って、指を離すんだ！

「におとさん、におとさん、いっぱい質問しちゃってすいません！　私たちも指を離しますよ！　いっせーの！　せっ！」

そのままクルーたちは背中から倒れていった。三人とも顔面蒼白になっている。

「はあ……はあ……コックリさんって本当に動くんだな……」

かくしてコックリさんとのファースト・コンタクトは終わった。

「におとさん、ちゃんと帰ってくれたんですかね……」

時刻は深夜二時を過ぎていた。

遂に一〇一号室でのコックリさん童貞を捨てた。しかし、前座試合が終わったにすぎない。次は今夜のメインバトル、地下施設でのコックリさんだ。とはいうものの、

「コックリさんに精気を吸い取られるみたいだよ……」

ペッティ君は床に大の字になっている。ほかのクルーたちもヘトヘトになっている。コックリさんを見ていた僕もヘビィな肩凝りになってしまったんだから、コックリさんをやったクルーたちの疲労は尋常じゃないだろう。今から三十分休もうか？

「そうですよ。しばらくコックリさんのことは忘れましょうよ！　今週の『週刊プレイボーイ』のグラビア、見ました？」

「見た見た！」

クルーたちは好きな女性タレントや音楽の話題に没頭しようとした。しかし、話題はいつの間にかコックリさんになってしまう。

「におとさん、ちゃんと帰ってくれたんですかね……」

「帰ってくれないと困るよ！　帰ってくれることを信じようよ！」

「におとさんは部屋の主ではないんですよね……女性がいるって言ってたよな」

それを今から確かめに行かなければ。地下のコックリさんも、さっきのメンバーでやったほうがイイだろう。

「でも、ギンティさんも来るだろ？」

ペッティ君が恐々と聞いてきた。さすがの僕も三人だけを地下に降ろす気はない。コックリさんメンバー以外の人間は撮影スタッフ兼セコンドとして同行するよ！

「当たり前だよ！　今度もコックリさんへの質問はギンティさんが考えてくれよ！　俺たちはあくまでもギンティさんの意思でやっているということをハッキリさせてくれよな！」

ペッティ君のオーダーにクルーたちが力強く賛同している。

……わかったよ。でも、せっかく地下施設に潜入するのにコックリさんをやるだけってのも悔しいな……。せっかくSRシンレイノラッパーで潜入するのだから、SRにしかできないサムシングを残していきたい……そうだ！　地下でのコックリさんに最後、音楽は好きですか？　って質問しようよ。

「なんで？」

〝はい〟って答えてくれたら、フリースタイルを聞かせてあげるんだよ！

「え！」

クタばるときはお前らも一緒だ。

再び、メテオに起こった異変……

時刻は深夜三時。

「これで今夜の取材は終わるんですよね……」

各自にマスクと軍手が配られる。緊急時に備えてミネラルウォーターも用意した。それじゃあ、いよいよ地下施設に潜入しよう！　僕は床下収納もどきの扉に手をかけた。

「猪俣さんが、人形を発見したのはココなんですよね？」

「森！　そういう嫌なことをイチイチ確認するなよ！　せっかくの決意が崩れるだろ！」

ペッティ君は彼なりに勇気を振り絞っているようだ。五人のメンバーが地下へと降りていく。僕らは漆黒の闇に包まれた。


「何、この地下室!?　正気じゃないよ……」

初めて地下施設に訪れたSRの三人は愕然としている。

「ここ、シェルターなのかな……」

「でも、部屋から部屋への移動ってこの狭い穴しかないよ……」

「ギンティさん、どこでコックリさんをやるんですか？」

一番奥の部屋だよ。開口部を三回潜らないと到着しないよ。

「……なんで、わざわざ疲れるような場所を選ぶんだよ！　ったく、殺してやりたいよ！」

SRを伝説にするためにと選んだステージが、ペッティ君の怒りを呼び戻す結果となってしまった。しかし、地下施設で揉めるのはまずい。今夜の要塞マンションは次々と怪異を起こしている。それだけに……。ここから先は何が起こるかわからない。無理してでも仲良くなろう！　と提案すると異議を唱える者は誰もいない。かくして、日ごろは結束がガタガタなクルーたちはジョン・ウー映画の男たちばりの絆を結ぼうとしていた。


あと一回開口部を潜れば、ファイナルステージに到着する。

「ああ……ああっ……」

メテオの様子がおかしい。ということは……？

「ずっとウンコがしたいんです……」

……ですよね。それなら一階に戻ってウンコしろよ。今からでも遅くないから！

「やめときます。ここのトイレは怖いんで……。コンビニでウンコしてくれれば良かったな」

だったら今からコンビニに行ってウンコしろよ！　待っていてやるから！

「いや……今からひとりで来たルートを戻るのは怖いんで」

メテオ、頼む！　一〇一号室のトイレでウンコしてくれ！

「大丈夫です。ウンコ、出なくなりました」

「でもメテオさん、地下で漏れたらどうするんですか⁉」

力夫がクレバーな指摘をした。事実、移動が難儀なうえに、うだるような暑さの地下施設内で脱糞されたら……この場所は悪臭で満ちた処刑部屋になってしまう！　それに、

「メテオさんが漏らしたら俺、吐きますよ！」

「俺もだよ！」

君たちだけじゃない。僕も確実に吐くことを約束しよう。その後も全員で「ウンコしてくれ！」と懇願した。しかし、メテオは、

「そしたら緊張状態でウンコが止まると思います」と意味不明な理屈を言って、ウンコをしてくれない……。本当に今夜はどうかしている。身も凍るような心霊スポットにいるから仲良しグループになろう、って誓い合ったばかりなのに……。その舌の根が乾かぬうちに、「ウンコしろ」「したくない」と低能極まりない言い争いが展開してしまっている……。それにメテオも変わった奴だ。コックリさんをするガッツはあるのに、ウンコはできないんなんて……。

「もう大丈夫です！　ウンコ出なくなりました。ガマンします！」

メテオの幼稚な決意を信じることにして、コックリさん決行を急ぐことにした。

「コックリさん、最後に僕たちの音楽を聴いてください」


「うわ……嫌なことしてくれてるよ！」

地下室内に用意された最終ステージを見たペッティ君は嫌悪感を露にしている。

コンクリートの空間に炎の消えた蝋燭が並んでいる。部屋の広さは四畳半ぐらいだろうか。空調のない密室に、五人の男が入ると、たちまち息苦しくなった。そして、僕らが入ったことによって密室内の温度は上昇している。

「これは長居していたら、酸欠になるかもな……急いで終わらそう！」

全員でコックリさんの準備をした。床に五十音表を敷き、蝋燭に火を灯そうとした、そのとき。


うふふふふふ……


女の声だ。笑っている……。僕と目が合ったメテオが青ざめた顔で頷いている。

「地下にある別の部屋からでしたよね……」

女の声は、におとさんが言っていた一〇一号室の主なのか……？

どん

今度は、地下の壁を叩くような音がした。その瞬間、

「ちょ、ちょっと！」と座りながら準備をしていたクルーたちが一斉に立ち上がろうしている。嫌な予感がしますが……。

「痛っ！」

予感は的中した。全員が頭を豪快に天井にブツけてしまった……。地下施設の中は、一室を除いて天井が低いのに。

「この地下室、尋常じゃないよ！　女の笑い声が聞こえたと思ったら、壁を叩くような音が聞こえるし……」

今、コンクリートの密室の中で、五人の男たちが身を寄せ合うようにしている。余計に暑い。それに息苦しくなってきた……。ココはやるべきことをやって早く脱出しよう！

密室内に、蝋燭の炎が頼りなく揺れている。いよいよ、今夜のクライマックスだ。

「よし！」と気合を入れたクルーたちは、お互いの拳をぶつけ合っている。なんか、カッコい奴らだ……。その姿を見ていたら、頑張れよ！　と柄にもなくエールを送ってしまった。

「コックリさん、コックリさん、十円玉にお入りください。入られましたら〝はい〟の方に動いてください……」

全員が固唾を飲んで十円玉を見守っている。

「あ！」

十円玉がグラグラと揺れ出した！　しかし、揺れ続けたまま移動する気配がない。しばらくすると、停止してしまった。

どどどどどっ

天井から聞こえてきた。上を誰かが走っているような音だ。何かが〝来ている〟。コックリさんを続けるしかない。

「コックリさん、コックリさん、十円玉にお入りください。入られましたら〝はい〟の方に動いてください……」

クルーたちの上ずった声が地下室内に響きわたる。コンクリートの床にポタポタと汗が垂れ続ける。Tシャツは土砂降りに見舞われたように、身体に張りついている。いまや地下施設の中は、力石徹の減量部屋のような暑さになっている。

「コックリさん、コックリさん、十円玉にお入りください。入られましたら〝はい〟の方に動いてください……」

十円玉が動きだした。

「十円玉の動くスピードが、さっきと違って速いですよ！」

……はい

「コックリさん、コックリさん、あなたはこの家にいる方でしょうか？」

……はい

「コックリさん、コックリさん、あなたはこの家が好きですか？」

……はい

そういえば、におとさんはこの家にいるのは女性だと言っていた。

「コックリさん、コックリさん、あなたは男ですか女ですか」

……女

におとさんが言っていたとおりなのか……。コックリさんに名前を聞いてみて！

「コックリさん、コックリさん、あなたの名前を教えてください」

十円玉は動き出した。しかし文字の上にはちゃんと止まらない。五十音表の上をぐじゃぐじゃに動き続けている……。

「はああんっ……はあっ！」

ペッティ君の呼吸が乱れだした。メテオもツラそうな顔をしている。

ごん

また壁を叩く音が聞こえた。

ごん　ごん

クルーたちは、しきりに背後を気にしだす。その間も、十円玉は動き続ける。そして、

……ま……や

まや？　それが名前なのか？

「コックリさん、コックリさん、あなたの名前は〝まや〟ですか？」

しかし、十円玉はピクりとも動かない。

「ギンティさん、どうするんですか⁉」

ペッティが焦りだした。メテオになんて指示を出そうか、と考えているうちにメテオが自発的に質問をした。

「コックリさん、コックリさん、名前を教えるのが嫌なのでしょうか？」

……うわぁ、そんなネガティブなの聞くなよ。

……はい

鳥肌が立った……。次はコックリさんに、これからも要塞マンションにいるか聞いてくれ。

「コックリさん、コックリさん、あなたは、これからもこの家にいますか？」

……はい

「コックリさん、コックリさん、この家にいるのはあなただけでしょうか?」

……いいえ

コックリさんの答えが、におとさんと辻褄が合っているような……。そうしたら、におとさんのことを聞いてみるか?

どどどどどどっ

また、上の階から暴れるような音が……。

「はぁっあああああっ！　もう嫌だ！」

ペッティ君の呼吸が乱れ出した。口元を隠しているバンダナから、蛇口から漏れた水のようにボタボタと汗が滴り続けている。

「はぁ……はぁ……はあっ」

メテオの呼吸も荒くなってきた。クルーたちの限界が近づいている。タオルを投げてやりたいところだが、シンレイノラッパーたる者、普通にコックリさんをしただけで終わるわけにいかない。コックリさんにラップを拝聴してもらわないと！　まずは、コックリさんに〝あなたは音楽が好きですか？〟って聞いてくれ。

……はい

それなら、トドメにラップを披露しちゃってください！

「……コックリさん、コックリさん、最後に僕たちの音楽を聴いてください」

ペッティングボーイが震える手を口元にあて、ヒューマンビートボックスを始めた。

ぷっぷぷっぷぷぷ～

いえ～あん！　あん！　コックリさん～コックリさん！　いきなり入ってきて、マジ申し訳ねぇ～気持ちでいっぱい！　だが失敗するわけにもいかない～。俺らにもある主張、よう、こんな感じ、相乗効果でアゲてこう～生きてる人間～死んだ人～一緒にセッションやっていく～！

さすがメテオ、ウンコはひとりじゃできない男だが、リリックは攻め気味で素晴らしい。

体内の汗～どんどん！　出てくるけど～相当！　超アガってる！　ありがとう！　ここ～やらせてくれて最高～マンション！　よう！　決して立ちション～なんかしねぇ！　マジで敬意払ってるぜ！　ありがとう～名前も知らない人！　俺たちシンレイノラッパーズ！　エスア～ル！　ありがとうございました！


お見事！　メテオ、コックリさんにラップの感想を聞いてみなよ。

「コックリさん、コックリさん、僕らの音楽は良かったですか？」

しかし、その後、十円玉は何を聞いても微動だにしなかった。コックリさんを怒らせたかも……それなら強制終了するしかない！

「コックリさん、コックリさん、ありがとうございました！」

クルーたちは、試合を終えた高校球児のように力強く頭を下げると、一斉に十円玉から指を離した。

やるべきことはやった。


「メテオさん、大丈夫っすか!?」

一刻も早く地下施設から脱出しよう！

「あぁっ……！」

立ち上ったメテオがフラつきだした。目の焦点が定まっていない……。

「メテオさん、大丈夫っすか⁉」

力夫の問いかけに返事はない。メテオの身体は床に崩れ落ちようとしている……。

「ヤバい！」

力夫が急いで鼻を摘んだ。思わず僕も鼻を摘んだ。こうなったら覚悟するしかない。

メテオの身体が床に叩きつけられた。と同時に、

ぶりぶりぶりっ

という音はしなかった。良かった……。

「メテオ、大丈夫か⁉」

クルーたちが必死に呼びかけるが返事はない。

「ギンティさん、これって要塞マンションの体験談と同じじゃないんですか⁉」

力夫の言うとおりだ……要塞マンションに関わった猪俣さんとHさんは突然、意識を失った。これは非常にマズい……。

ごん

また壁を叩く音が……まるで、僕らの気持ちを追い詰めていくようだ。

「メテオ！　メテオ！」

クルーたちは声の限りメテオを呼び続けた。

「……はあ……はあ……すいません」

メテオが復活した！　しかし、息をするのがツラそうだ。

「立ち上がった瞬間……足が痺れて……ゴホっ！　ゴホっ！」

メテオは咳き込んでいる。どうしよう……。コイツを置いていくわけにはいかない。しかし、メテオの推定体重は七十キロ以上ある。この肥満児を一階まで運ぶには、五十センチ大の通り穴を三回は通さないと……ってレスキュー隊でも呼ばないと無理だよ。

「ギンティさん！　メテオさん、このままじゃウンコ漏らすかもしれませんよ！」

力夫が心配するように、いま脱糞されたら、大惨事が待っている……！　でも、置いていくわけにはいかない。ここはメテオの回復を待つしかない。

「ああ……足の感覚が戻ってきた！　歩けます！　置いてかないでください！」

良かった……！　今度こそ本当に地下施設とお別れだ！

誰もいない部屋で動きまわる紙キレ

地下室に潜入している間、一階から走るような音が聞こえていた。一階の洋室に設置した定点カメラが記録しているかもしれない、と僕らはすぐに確認した。しかし。

定点カメラの録画機能が勝手に止まっている……。

猪俣さんがウェブカメラを設置したときと同じ現象だ。

「もう充分だろ！　全部やったんだから早く出ようぜ！」

ペッティ君に怒られた僕らは撤収することにした。

午前四時。僕らは要塞マンションをあとにした。そのまま、お清めをするために駅前の居酒屋に向かった。店に入ったメテオはトイレめがけて脱兎のごとく走っていた。

取材後、要塞マンション潜入中の映像をすべて確認した。モニターには、誰もいない一階の洋室に五十音表が置かれている様子が映し出されている。洋室に設置した定点カメラの映像だ。コックリさんを終えた僕らが台所で休憩しているときだ。早送りで見続けているが、何も変化はない、と思ったが……。

五十音表の紙がズルズルと動いている。

まるで意思を持っているように動いている。

しかし、十円玉が置いてあるために、思うように動けない。それでも、十円玉を引きずりながら床を這いまわる。しかも、一瞬の出来事ではない。およそ五分にもわたり動き続けたのだ。もしも十円玉がなかったら、紙はどうなっていたのだろう。一階で最初のコックリさんにトライしたあと、力夫はTシャツの裾を引っ張られた。その部屋で紙は動きまわっていたのだ。猪俣さんがさまざまな怪異を体験したこの部屋に何かがいることは間違いない。取材前、僕は「すごい怪異が撮れるかも！」と期待していたが、まさかココまですごい現象を映像に記録してしまうとは……。

「占い師が言うには、その女性は今も生きているんですって」

その後、猪俣さんはどうしているのだろう。

要塞マンション取材でお世話になったあと、「そのうち飯でも食いましょう」と約束したが果たせないままでいた。が、一年ぶりに猪俣さんに会うことになった。要塞マンションのある街で。約束した当日、待ち合わせ場所のファミレス前にいると、

「お久しぶりです」

猪俣さんの声が聞こえてくるが、姿が見あたらない。

「ここですよ」

嘘？　一〇〇キロあった身体が別人のように痩せている。

「六十キロ台になっちゃいました。あれからも大変な目に遭って……」

一〇一号室を引き払った猪俣さんは、部屋にあった荷物を事務所に運び込んだ。

「その中にパソコンが二台あったんです。一〇一号室で使うために新品を購入したんです」

二台のパソコンは仕事部屋で使いだした途端に作動しなくなってしまった。

「修理しようとケースを開けたら、二台とも中が真っ黒なススだらけで……」

二台同時に故障が起こるなんて普通じゃ考えられない。

「一〇一号室で使っていた物をお祓いもせずに持ち出したのが良くなかったのかな……」

さらに猪俣さんの仕事が激変した。仕事先との関係が突然途絶えてしまう。関係が悪化したのは仕事だけではなかった。

「婚約者とは別れてしまったんですよ」

……。

「これは完全に一〇一号室との関係を断ちきらなければ！　と思ってお祓いしてもらいました」

一〇一号室で使っていた家財はすべて処分した。一〇一号室にあった物を運び込んだ事務所も解約した。

「結局、一〇一号室に越してから関係を断ち切るまでに総額五〇〇万円ぐらいかかってしまいましたよ……」

「そういえば婚約者と別れる前……」

猪俣さんが不思議な話を聞かせてくれた。

「彼女も一〇一号室と契約してから、体調が悪くなっていったんです。それで〝知人に占い師を紹介してもらったから会いに行こう〟って言い出したんですよ」

猪俣さんは半信半疑で占い師のもとを訪れた。

「すると、占い師が〝その建物の下に何かある〟って言い出して……。詳しく聞くと〝そこには女がいる〟って言うんですよ。まあ、信用していいのかわかりませんが……」

猪俣さんは信じていないが、僕には思い当たることがある。地下施設で行なったコックリさんは女だった。

「占い師が言うには、その女性は今も生きているんですって。生き霊らしいですよ」

嫌な話を聞いてしまった。

「一〇一号室を解約してから、時間があるときにはマンションの前を歩くんですよ」

あれだけ強烈な体験をしたのに、随分と好奇心が旺盛な人だ。

「僕が解約したあと、入居者が来たんですが、その方もすぐ出てしまいましたね」

その後、入居者は二回変わった。

現在、新たな入居者が暮らしているという。

猪俣さんを含めると一年の間に四回も入居者が変わったことになる。

「だけど、一〇一号室以外の住人は、ずっとあのマンションに住んでいますよ」

入居者が来るたびに敷金と礼金が入る一〇一号室は、不動産屋と大家にとっては金の成る木だ。もし、占い師の言うように女の生き霊がいるとしたら、大家なのでは、と言うと、

「その冗談、笑えないですよ……」


その夜、猪俣さんと別れた僕は一年ぶりに要塞マンションを見に行くことにした。

一〇一号室にはたしかに人が暮らしていた。

深夜〇時を過ぎていたが、すべての窓のカーテンが開いている。かつて猪俣さんが仕事部屋に使っていた洋室の様子も見えそうだ。しかし、不審者に間違えられる危険があるので、じっくり見ることはできない。僕は、さりげなく近づいてみた。室内に家財が置いてある。壁には、一畳分はある日本地図が貼られている。

かなり個性的な部屋だ。

二〇二三年、僕はこの原稿を書くために十年ぶりに要塞マンションがあった場所に行った。建物はまだあり、一〇一号室には灯りがついていた。猪俣さんが一〇一号室にいたとき、不動産屋はネットで、一〇一号室の入居者を募集していた。

家に帰った僕は、試しにインターネットで不動産情報をチェックしてみた。案の定だ。一〇一号室は、今も入居者を募集している。

地下室に降りたＳＲのメンバーたち

誰もいない無風の部屋で、こっくり
さんで使用した五十音表は、まるで
意志を持っているかのように動き出
した……

地下室での「こっくりさんとのフリースタイルバトル」との最中、突如倒れたメテオ

Chap. 5
「八王子・道了堂跡」で鎮魂ラップ！

関東屈指の心霊スポットへ

二〇一〇年九月、要塞マンションのあとにSRシンレイノラッパーをどこに連れて行けばいいのか……。悩む僕に、小塩さんがある場所をプッシュしてくれた。

「やはり関東に住んでいるなら、八王子の道了堂跡に行かないと」

道了堂跡——明治時代に建立された寺の跡地。そこでは二件の陰惨極まりない殺人事件が起きている。ひとつは一九六三年九月、道了堂の堂守りをしていた老婆が強盗に惨殺された事件。それから十年後の九月、某大学の助教授O（三十八歳）が愛人関係にあった大学院生SKさん（二十四歳）を殺害し、道了堂付近の山中に埋めるという事件が起きた。ちなみに、事件後、死体が埋められた付近で女性の霊の目撃情報が多発し、SKさんの遺体発見に結びついた、と言われている。そんな道了堂跡では今も、老婆のすすり鳴く声が聞こえたり、女性の霊が目撃されたりする情報が絶えない。

このころのシンレイノラッパーは僕と力夫が出演する『怪談 新耳袋殴り込み！〈西日本編〉』（二〇一〇年）に出演し、宇宙人の基地なのでは、と噂される「山の牧場」に僕らとともに潜入する……はずだった。しかし、

「山の牧場に行ったら、宇宙人に消されるかもしれない……」と恐れたヒューマンビートボックス担当のペッティングボーイに出演を拒否されてしまった。その結果、メテオのみが出演し、山の牧場で宇宙人を召喚するラップを披露した。でも、今回は宇宙人の心配はないのでペッティ君の合流も期待したいところ。しかし、ペッティ君は画期的に短気なうえに臆病、という操縦の難しい人物。果たして合流してくれるか？　場合によっては「合コンがあるんだけど来ない？」という嘘も辞さない覚悟で電話したところ、「行ってもイイっすけど……」と予想外の返事が。そんなわけで今回は、関東屈指の殺人現場兼心霊スポットにSRをブチ込みます！

SR、早くも解散の危機！

取材当日の深夜。メンバーはSR、『怖い噂』編集長の小塩さん、『怖い噂』編集部員で僕とともにSRのマネージャーも務めてくれている田端美佐緒さん、カメラマン、そして僕の七人。道了堂跡に向かう車内で、ペッティ君が意外なことを言い出した。

「森ボーイはメンバーとして必要なんすか⁉」

痛いところを突いてきたな。たしかにダンス未経験者の力夫をダンス担当としてSRのクルーにしているのは無理がありすぎるかもしれない。しかし、SRのなかに心霊スポット取材の経験が豊富なメンバーがいるほうが取材がスムーズにいく、という僕の判断で力夫に頼み込んで加入してもらった。が、その辺の事情を知らないペッティ君的には大いに不満があるようだ。

「そもそも森ボーイはダンスしてないじゃないですか⁉　メテオはラップやって、俺はビートボックスやってるけど、いつもボーっと立ってるだけじゃないっすか⁉」

……言われてみればたしかに、と納得する一同に森ボーイは烈火の如く怒り始めた。

「それは僕、悪くないっす！　正直ダンスなんてやりたくないっすよ！　ギンティさんに森ボーイなんて名前にされたうえに、やったこともないダンサーにされたんですよ！」

「そんなこと言うなら俺だって！　行きたくもない心霊スポットへ連れて行かれたうえに、ペッティングボーイなんて彼女にも言えない名前をつけられたんだぞ！」

森ボーイの陳情をキッカケに、ＳＲたちが溜め込んでいた不満が一気に爆発。ラップ担当のメテオは無言でうなだれたまま一点を見つめている……。こりゃ道了堂跡に着く前に解散かな……と思ったそのとき。

「ま、評判のいい企画なんでやっていただかないと。読者だけでなく、いろんな媒体からも問い合わせが来てるんですよ。そうですよね、ギンティさん？」

小塩さんの発言を聞いたペッティ君が「マジっすか⁉」とサングラスの奥の目を輝かし始めた。

「マジですよ。ねえ、ギンティさん？」

実は、この年に開催されるカナザワ映画祭二〇一〇で「怪談 新耳袋殴りこみ！ＬＯＳＴ ＴＡＰＥＳ」というイベントが行なわれることになり、僕は出演することになっていた。そこで僕と小塩さんは、そのイベントにＳＲにも出演してもらい、彼らの心霊スポット潜入映像を上映しようと考えていた。そのことをＳＲクルーたちに伝えると、

「……そういうことなら、やってもイイっすけど」

どうやら、「評判がいい」「映画祭」というサクセス童貞たちに無縁だったキーワードが、ＳＲクルーたちの欲望に火をつけたようです。しかし、

「ヤリます！　その代わり、ギンティさんも殺人現場で何かチャレンジしてくださいよ。なんか最近のギンティさん、俺らにだけチャレンジさせて、自分はフェイドアウトしようとしてますよね？」

バレたか……。


「この道、暗いよ！　それに全然着かねえじゃん！」

深夜一時過ぎ。道了堂跡付近に到着。ここからは明治時代、絹の道と呼ばれた山道を歩

いて行かなければならない。出発前、小塩さんが数枚の新聞記事を差し出してきた。

「今日は当時の事件記事も持ってきたんで、サラっと読んでいただきたいですね」

「そんな記事、サラっと読めるかよ！　怖すぎるよ！」

ブーたれて記事を受け取ろうとしないペッティ君の代わりに僕が受け取ると、被害者の顔写真がばっちり掲載されている……見るんじゃなかった！

「俺は絶対に新聞記事は読まないからな！　ギンティさんが朗読しろよな！」

ペッティ君のわがままで僕が朗読家になることに。そのやり取りを笑顔で見つめる小塩さんは、

「実は今日、道了堂跡に来るってすごいことなんですよ。お婆さんとSKさんが殺されたのが九月。で、僕らが来たのも九月。なんか、運命的なものを感じません？」

って……今言わなきゃダメ？

「そんなに運命を感じたきゃ、アンタが殺されればイイのに！」

とムッとするペッティ君に小塩さんは、

「まあ、道了堂跡は森に囲まれているので、マイナスイオンが出てるからバッチリですよ」

と相変わらずクールかつ無責任な持論をプレゼントしてくれた。人間的にはどうかしてるけど、この仕事的には、そのアバウトかつダークな猛獣使いぶりは素敵だと思います！

「この道、暗いよ！　それに全然着かねえじゃん！」

かれこれ二十分は山道でペッティ君の愚痴を聞いているだろうか。外灯がなく、足元も見えない山道が続く。その間も、メテオはお母さんに渋々学校に連れて行かれる登校拒否児のように終始下を向いたまま。そういえば、メテオは今日の取材中、ずっと黙ったままだ。たび重なる心霊スポット取材でマイってしまったのだろうか。だとしたらこれ以上、心霊スポットを連れ回すのは無理かも……と心配する僕に、

「心配することないですよ！」

小塩さんがムッとしている。何かあったんですか？

「途中で寄ったコンビニではすごく図々しいことを言ってきたんですよ。僕がメンバーの飲み物を買おうとしたじゃないですか。そのとき、〝煙草もイイっすか？〟って。〝嗜好品はダメだけど今日は特別だよ〟って買って上げたら、煙草だけじゃなくオニギリも二個買わされて……。それで、あんなテンション低いんじゃ失敗したな。買ってやらなきゃ良かった！」

そんなことがあったのか……。ま、画期的なナチュラル・ボーン・甘えん坊というメテオのメンタリティは健在なんで安心した、そのとき、

「うぁあああああ！」

ペッティ君の悲鳴が……。懐中電灯を向けると、ペッティ君の周りをヤケに大きい蜂が

飛び回っている。次の瞬間、蜂はこっちに目がけて飛んできた。

「ライトに向かって飛んできているよ！　ライトを消して！」

女子マネージャー田端さんのクレバーな判断でライトを消すと、蜂は消えていった。しかし、再び蜂に襲われる危険があるため、ライトなしで暗い山道を歩かなければならなくなってしまった……。


「さっきから〝ふっ、ふっ〟って女の人の声が……」


「やっと着いた……」

道了堂跡は山道につくられた石の階段の上にあった。広さはちょっとした公園ぐらいだろうか。お堂が取り壊された現在、敷地内には、参道と寺の土台、そして地蔵や石碑が残るだけであった。

「あの地蔵は首なし地蔵だったんですよ」

地蔵を見ると、古びたボディに新しい首が載せられている。まるで、下手なアイコラのようだ。まずは、SRたちのステージづくり。お堂跡に蠟燭を灯し、被害者の霊を静めるためにお線香をあげる。これで舞台は整った。それでは全員、階段の下に待機して、今からひとりずつココに来てチャレンジするか？　という僕の提案に、

「やだ。ここは、これまで来た場所と闇の質が違う！　生命の危険も感じる！」

「さっきから〝ふっ、ふっ〟って女の人の声が聞こえる……だから三人でやらせてもらえませんか？」

ペッティ君と森ボーイからのオーダーに小塩さんも、

「暗くて危険ですし、階段から落ちても危ないし。三人で行きますか？」

……ってことは、ちょっと待て！　僕がひとりで朗読するの？

「ま、そういうことになりますね」

そういうことにしないでよ！　ココはなんとしてでも単独潜入を回避しなければ！

じゃあさ、四人の複合プレイってのは？　僕の新聞記事朗読とＳＲのコラボ。今まで僕も無茶なことばかり言ってた気もするんですけど、ここはひとつ列を組みませんか？　ＳＲシンレイノラッパーとギンティのユニットでＧＳＲ⁉

「自分の名前が先かよ！」

「じゃあＳＲＧ」

ユニット名なんてどうでもいい。とにかくＳＲたちが納得してくれたので急遽、四人での初ステージが決定した。

闇に響き渡った、断末魔の叫び！

今、僕たち四人は道了堂跡にいる。それじゃあ、ここで起きた殺人事件の記事の朗読を始めるから全員復唱してね。昭和三十八年九月。

「しょうわ……さんじゅうはちねん……」

SRたちが、「口にしたくない」と言わんばかりにいやいや復唱する。朗読している間、僕の後ろに立つ森とペッティの息遣いがどんどん激しくなってくる。背後から聞こえるアメリカのポルノ動画のような荒々しい吐息に耐えながら、朗読を終えた僕は正座して手を合わせた。それではお婆さんとSKさんのご冥福を祈りましょう。シンレイノラッパーの皆さん。フリースタイルバトルをお願いします！

ブンブンブッ　ブッ

いえ～！　お～！　よ～絹の道ぃ～！　よ！　噂の心霊スポット！　ココで何人亡くなっているのか？　具体的に今説明したけど～！　事件の概要聞いたらマジで切ねえ～！　逆の立場ならマジでいたたまれねえ！　ここに来たヤツ呪うぜ～！　そんなこと思っているけれどもノロいぜ！　このビートのせやすい！　そんな感じ！　やすやすとでも！　俺たちもここでタダで帰るわけに行かない！　ここであったマー

ダー！　マーダーウォッチャー！　じゃねえけどシッカリ読んだギンティ小林にビッグアップ！　そしてペッティングボーイ！　そう森ボーイ！

元気がなかったメテオだが、なかなかアグレッシブに攻めているな、と感心していると、

ぎゃあああああああああ！


前方の森の中から断末魔のような女性の叫び声が……。ハッキリ聞こえた。

「女の人の声だぁああああああっ！」

「殺されるうううううっ！」

SRクルーたちが蜘蛛の子を散らすようにダッシュしようとした。僕は……動けない。正座したまま腰が抜けてしまった……。このままじゃ置いていかれる。僕はクルーたちの服をつかみ、叫んだ。そっちに行くな！　行くな！　ココにいろ！　僕の言葉を聞いたSRたちは、僕を囲むように固まってしまった。

「ギンティさん、ナイス判断だな。あのまま走っていたら、山の中を彷徨うことになっていたかも……」

ちっともナイス判断なんかじゃない。要は僕をひとりにしないでくれ、と言いたかった

だけだ……。しかし、予想外に評価を上げた僕の指示で、その後、なんとか下山した。

後日、取材の模様を記録したビデオを確認すると、女性の叫び声はたしかに入っていた。

「こんな声を記録しちゃって……何も起きなきゃいいんですけど」

SRクルーたちの不安は的中してしまった。

メテオが心霊スポットでラップができなくなってしまった。

SR結成当初は威勢が良かった彼が、心霊スポット取材を重ねるごとにテンションが下がっていた。ラップをしなくなったメテオは、クルーに対しても口を閉ざしてしまい、そのまま音信不通になってしまった。そんな状態が一ヶ月続いたとき、ペッティ君から電話がきた。

「この前、俺の先輩のラッパーがメテオと会ったとき、メテオが〝もう二度とSRはやりたくない〟って言ったんですって……」

それならば無理に続けさせることはできない。だけど、ラッパーがいないのではSRシンレイノラッパーの存続は難しい……。僕は解散することを伝えた。すると、

「なんで勝手に解散って決めるんですか⁉ 俺はやりますよ！」

ペッティ君が、キャラ設定にないはずの決意をシャウトした。

「俺たちは面白いことをやってるんですよ！」

彼は二〇一〇年の秋、カナザワ映画祭で『SRシンレイノラッパー』の映像を上映した

ときの観客の暖かい反応を見て、やっとSRの斬新さに気づいたという。って今さら気づいても遅いよ！　もうSRの要だったラッパーはいないんだから！

「俺の先輩にダースレイダーさんってラッパーがいて、かなりの怪談好きなんですよ。あとDJオショウさんという先輩も参加してくれるはずですよ！」

ダースレイダーはフリースタイルの達人で、ヒップホップシーンでは、日本語ラップの広報的な立場にいる男だ。DJオショウは、かつてダースとともにMICADELLICというヒップホップユニットを組んでいた。彼はDJという洋風な職業とは裏腹に、作務衣&半纏という和風なスタイルでレコードをスピンしており、スクラッチのスキルには非常に定評がある。そんな景気のイイ男たちが参加してくれる。それならば解散中止！　そして、今から君たちの名前は心機一転、「SRシンレイノラッパーZ」にする！　略してSRZ！

一週間後、ペッティ君から電話がきた。

「ダースさん、倒れちゃいました！　緊急入院してるんです！」

脳梗塞だという。

SRZへの参加が決まった矢先に縁起でもない。これは見舞いに行かなきゃ、と思ったら、

「今、面会謝絶なんです！　立ち上がると目が飛び出ちゃうらしいっす！　ダースさん、

うつ伏せになったまま絶対安静なんです！　ギンティさん、どうしましょう！」
電話のペッティが慌てふためいている。
どうすりゃイイか聞きたいのは俺のほうだよ！

ちなみに、その後のメテオは、僕らの予想をフライングしたサクセスを遂げた。なんと映画版も公開されたＴＶアニメ『オッドタクシー』（二〇二一年）でヤノというメインキャラの声優を務めたのだ！　しかも常にラップ調に韻を踏んだ喋り方をする、というメテオのスキルを存分に活かせるキャラだ。そんなことを知らずに、『オッドタクシー』を視聴し続けていた僕はヤノが登場すると、どこかで聞いた声だな……と検索し、声の主がメテオである、と知ったときは仰天した。心霊スポット取材では、いろいろ大変な思いをしたけど、今はラッパー以外に声の仕事もしているという。本当に良かった！

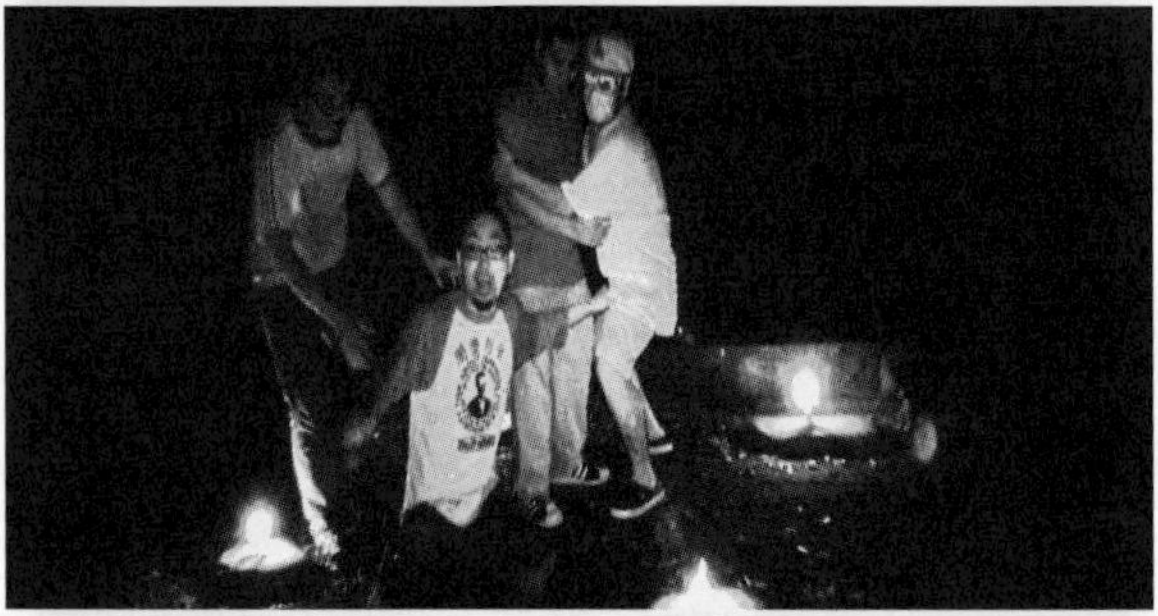

フリースタイルバトルの最中、森の中に響き渡った女性の叫び声……腰を抜かしたギンティ小林を取り囲むＳＲのメンバーたち

Chap. 6

「消滅屋敷」其ノ壱

一家全員が消えた……

その家の存在を知ったのは二〇一一年八月のことだった。

「●●県に気味の悪い廃墟があるんですよ」

教えてくれたのは、小塩さんだった。当時はオカルトやさまざまな事件を扱う雑誌『怖い噂』の編集長をしていた小塩さんによれば、不動産関係の仕事をする知人Mさんからの情報だという。

「二年前に突然、一家全員が消えてしまって以来、廃墟になっているんです」

「夜逃げですか？」

力夫が聞いた。そう考えるのが妥当だろう。

「そこがはっきりしていないんですよ。かなりの豪邸ですが、相続人がいないんですって」

そこで情報提供者のMさんが管財人の弁護士とともに豪邸を処分することになった。敷地内には三台の自動車も残されているという。

「その車を処分するため、Mさんが車屋と一緒に豪邸の敷地内に入った途端、〝やられた〟って言うんですよ」

やられた？

「Mさんは霊媒体質なんです。ま、本人曰くですがね。でも、車屋も敷地内に入ったら〝気味が悪い〟ってすぐに退散してしまったんですって」

　さらに、敷地内で気分が悪くなったMさんたち目がけて何羽ものカラスが飛来したという。結局、Mさんは家の中に入ることができなかった。

「その家が十日後には解体工事されるんですよ。それまでの間、興味があるなら潜入してもいい、って言われて。Mさんからコレを借りてきました」

　家の鍵を僕らに見せた。

「すでに行く気まんまんじゃないですか……」

　力夫が呆れている。Mさんの情報をどこまで信用できるのか疑わしいが、豪邸廃墟を見てみたい気もする。だからといって、夜に行くのは怖いから絶対に嫌だ。というわけで、日中に下見をすることになった。

「そうですね。行ってみて合格な廃墟なら後日、夜に潜入しましょう」

　これまでの心霊スポット取材で廃墟や、殺人事件のあったアパートなどさまざまな建物に潜入した。しかし、住人が蒸発した家に潜入するのは初めてだ。ただし、プライベートでは経験がある。

　親類が借金苦で暮らしていたマンションの家賃を滞納して、夜逃げをした。親類が逃げる前、知らぬ間に、そのマンションの同居人に登録されていた僕は、部屋に残された荷物を片づけに行くことになった。親類がお金になりそうな物を可能な限り持ち去った部屋は、空き巣に荒らされたあとのようであった。

それ以来、その親類とは会っていない。

武家屋敷を彷彿とさせる日本家屋

時刻は深夜〇時過ぎ。小塩さんの運転するワゴン車は、東京に隣接する某県にあるベッドタウンを走っている。この街に問題の豪邸がある。出発直後から降り出した雨は、車窓を叩きつけている。

「まずは昼間に下見をするはずでしたよね⁉ たった三人で真夜中の豪邸廃墟にいきなり潜入するって、どう考えてもガチの肝試しじゃないですか！」

助手席の力夫は煙草の煙とともに愚痴を吐いている。

「そりゃ、僕だって夜中は嫌ですよ……でも、Mさんから〝行くなら絶対に近隣住民が寝静まってから〟と言われちゃって……」

豪邸に住んでいた一家が消えたあと、「誰もいないはずの家から物音や声がする」というクレームが近隣の住民たちから殺到した。僕らのような感性の物好きな若者たちが不法侵入したのだろう。豪邸を取り壊すまでの間、管理することになったMさんたちは、家の中に残された物を盗まれないように、家の前に頑丈な柵を作って封鎖した。それなのに。

その後も屋敷からたびたび物音が聞こえてくる。

「それで近所の人たちがナーバスになっているんですよ」

「もう近くまで来てるな」

ワゴン車は住宅街にある長くなだらかな坂道を登っていた。二車線ある坂道の両サイドには、モダンな家が並んでいる。狭小地に建てられた家のほとんどが三階建てだ。深夜の住宅街をゆっくりと走るワゴン車を叩く雨音がどんどん強くなってきている。二階の窓にまだ灯りがついている家がちらほらとあるが、土砂降りのせいか通りを歩く者はいない。

「もう間もなくです」

車はゆるやかな坂道を登りきろうとしていた。

「着きました、って……え、えええええっ!?」

運転席から問題の家を目の当たりにした小塩さんが狼狽している。

「うわ……」

力夫もだ。彼らだけじゃない。僕も闇夜に浮かぶ豪邸のシルエットを見た瞬間、いきなり氷水をぶっかけられたような気分になった。豪邸は、僕らの予想とあまりにかけ離れた姿をしていたからだ。

モダンな家が建ち並ぶ坂の上に建っていたのは、武家屋敷のような構えの立派な日本家屋だった。

「でっけえ屋敷だな……この住宅街には場違いすぎますよ！」

力夫の言うとおりだ。僕はてっきり今風な造りの家に潜入するのかと思っていた。しかし目の前にそびえる屋敷は、高く積まれた石垣の上に建てられている。生垣として植えられた三メートルほどある潅木《かんぼく》が、一家がいなくなってからの二年間、手入れされないまま生い茂っている。その上に見える瓦屋根には金の鯱《しゃちほこ》が乗っている。

その姿はまるで坂の上から住宅街を見下ろす城のようであった。

当初、考えていたライトな下見気分は木っ端みじんに吹っ飛んだ。

「横溝正史の小説に出てくるような屋敷ですよね……」

「建物だけじゃなくて、門も立派だわ……」

武家屋敷にあるような門は、高さ二メートルほどある板を横に五枚並べて封鎖してある。中央の板は扉になっており、ダイヤル式の南京錠で施錠されている。屋敷の周囲を見たが、敷地内に潜入できるところはなかった。南京錠を開けられない限り不可能だ。

それなのに誰もいないはずの屋敷から物音が聞こえてくるという。

「こんなムードがありすぎる屋敷から音が聞こえてきたら、近所の人もビビるよ……」

力夫がそう言うが近所の人だけじゃない。すでに僕がビビっています……。屋敷に潜入しようとしたMさんが〝やられた〟という話が俄然、信憑性を増してきた。

「えっと鍵の番号は……この中に書いてあるんだよな……」

小塩さんは鞄から書類が入ったクリアファイルを出した。鍵の番号以外にもMさんから渡された、近所の住民から苦情が出た場合に見せる、屋敷への侵入を許可された証明書も入っているという。

「開きましたよ。じゃ、入りますか……」

「入りたくないですけどね」

小塩さんの提案に力夫が正直に返すが、遂に一家全員が消えた屋敷の敷地に足を踏み入れるときが来た。


門を潜り、敷地内に入った途端に、闇が一気に濃くなった。生垣として植えられた三メートルほどある潅木が、手入れされないまま生い茂り、外の灯りを遮っているせいだ。生垣だけでない。敷地内に植えられた樹木や草も繁茂している。そのおかげで、出発直後から降り続けている雨が遮られている。

「外の住宅街とは別世界に来ちゃったようですね……」

力夫が漏らすように、まるで山奥の廃墟に来たようだ。真夏だというのに、敷地内はひんやりとしている。こんな場所だとわかっていたら、羽織るものを持ってくれば良かった。

眼が闇に慣れてくると、敷地内はかなり広いことがわかってきた。門のそばには赤い祠が建てられている。

「Mさんが言うには、この敷地は六百坪あるそうですよ」

サッカー場の約半分の広さもある敷地内には、鯱のついた日本家屋の母屋、鉄筋コンクリート二階建ての離れ家、土蔵、祠、そしてナンバープレートが外された軽トラック、ワゴン車、乗用車が停めてある車庫がある。屋敷の隣は畑になっているが、今は手入れする者はいない。

いよいよ屋敷の中に潜入する。しかし、建物を目の前にすると、入れる気がまったくしない。

「横溝正史の小説に出てくるような屋敷ですよね……」

力夫が言うように、歴史を感じさせるうえに異様なムードに満ち溢れた建物だ。この先どんなことが起こるかわからない。だから、ここからは三人固まって行動したい。完全に屋敷に呑まれてしまっている僕の提案に、ふたりは力強く頷いた。

「この男の人、どこかで見たことあるな」

荒れ放題に伸びた草木や蜘蛛の巣をかき分けて、屋敷の玄関前に辿り着いた。いよいよだ。鍵を開けた小塩さんが、ガラス引き戸の玄関を開けた。

し、失礼します……。

か細い声で挨拶をしながら入った途端、サウナに入ったかのような熱波に包まれた。そうだ、この家は真夏の今夜も冷房が効いていないんだ。一年間、人が暮らしていないから。

そう思うとさらに足が竦んできた。

「ムシムシしますね。すげ……玄関の時点で、すでに俺のワンルームよりも広い」

「そっか、力夫氏はひとり暮らしだもんね」

ゴージャスな屋敷に圧倒される力夫に小塩さんは適当な返しをしている。

「そっすね」

さらに適当に返す力夫は、貧乏人のワンルームよりも広い玄関にふさわしい、立派な造りのシューズラックの上に飾られた陳列品の数々を懐中電灯で照らしながら、つぶさに眺めている。たくさんのトロフィーや盾、郷土品の人形などがある。旅先で撮られた家族写真も額に入れられ飾られていた。それを見た力夫が悔やんでいる。

「行方不明になった人たちの顔を見ちゃいましたね」

……。

旅行先のホテルの前で撮影したと思われる写真の中のお爺ちゃん、お婆ちゃん、お父さん、お母さん、そして子どもたちが嬉しそうに笑っている。この屋敷には三世代が暮らしていたようだ。

「こんな小さい子まで消えてしまったのか……ん？　この男の人、どこかで見たことあるな」

どういうこと⁉　この家に力夫の知り合いが住んでたの？　そんなことってあるの⁉

と動揺しながら写真を見ると……あれ、僕も見たことがある人だ！

「ふたりとも落ち着いてください。僕だって知ってる人ですよ」

小塩さんも知ってる？　ますますどういうことですか⁉

「この男性は芸能人ですから知ってて当然でしょ。古尾谷雅人さんですよ」

本当だ。たしかに俳優の古尾谷雅人さんだ。そりゃ知ってるわけだ……まだ玄関なのに、僕のハートは塩をかけられたナメクジのように萎縮してしまっている。

「この一家が旅先で撮影中の古尾谷雅人と出会って記念撮影したんじゃないですかね」

写真には俳優の斉藤慶子さんも写っていた。ほかの写真を見ると、小林幸子さんと記念撮影したものもある。そうだ、古尾谷雅人さんといえば、僕ら的には津山三十人殺しをもとにした映画『丑三つの村』（一九八三年）で、一晩で三十人を殺害した青年・都井睦雄がモデルの主人公・犬丸継男を演じた偉大な御方だよね。そう言うと、これまで津山事件

の本を出し、今後も津山事件の本を出そうと企んでいるほど津山事件に憑りつかれている小塩さんは力強く頷いたが、

「……だよね、じゃないですよ！　その情報、今『八つ墓村』に出てきそうな屋敷の中にいるときに差し込む必要ありました⁉　ただでさえ怖いのに、さらに怖くなったよ！」

憤慨する力夫の背後に、畳んでいない傘が立てかけられていた。傘の持ち主が最後に帰宅したのは雨の日だったのか。

そして消えた。

住人が消える寸前まで生活していた痕跡

玄関から奥の勝手口へと続く廊下の幅は、僕ら三人が横一列に歩いても余裕があった。

「あれ、廊下に何かある！」

小塩さんが懐中電灯で照らす先を見た。

人が倒れてる⁉

手足がありえない方向に曲がっている。それに頭部がない……。

「死体だ！」

力夫がシャウトした瞬間、全身の力が抜けてしまった……俺は下見に来ただけなのに！

死体の発見者になっちゃうなんて聞いてないよ！

「ふたりとも、よく見てください！」

小塩さんに言われて、よく見たら黒い背広だった。脱ぎ捨てられたジャケットとズボンが倒れた人のように見えただけだった。その傍には黒いネクタイとワイシャツがくしゃくしゃになっていた。死体でなくて良かったが普通、スーツを廊下に脱ぎ捨てたままにすることなんてあるだろうか。


屋敷の客間は十六畳ぐらいある広い部屋だった。壁には、法事で親戚が集まったときの記念写真が額に入れられて飾られている。食器棚には高そうなティーカップや湯呑、洋酒などが収納されたままだった。畳二畳分はありそうな座卓の上には、ＶＨＳのテープが置いてあった。ラベルには「Ｔ川家　昭和五八年九月一八日」と書いてある。

「家族の想い出に浸っていたんですね。この家って今までの潜入した廃墟と違って、生活臭がそのままですよね。自分が透明人間になって他人の家に忍び込んでいるような気分ですよ。なんか罪の意識を感じるな……」

力夫が言うように、一家の家族旅行中に忍び込んだ空き巣のような気分になってしまう。それぐらい、住人が消える寸前まで生活していた痕跡が家じゅうに残されていた。風呂場の脱衣所の棚には、着替え用の下着やバスタオルがきれいに収納されており、洗濯機の中には衣類やタオルが入ったままになっていた。一家が暮らしていたときの様子が、嫌というほど伝わってくる。

そして、脱衣所前の廊下にも、黒い背広が脱ぎ散らかしたように置いてあった。

客間と襖で仕切られた隣の部屋は、八畳ほどある仏間だった。仏壇はそのまま残されており、金襴で仕立てた御前座布団もそのままだ。戸棚に飾られた、見るからに高価な木彫りの彫像などの美術品もそのまま。壁には菩薩や天照大神の掛け軸、水墨画、家主と思われる肖像画が飾られたままだ。

「かなりの資産家だったんですね。それに客間の梁、見ました？　丸太一本そのまま使ってましたよ。一本杉ですよね。ウン百万円はしますよ」

屋敷には茶室もあり、別の部屋にはグランドピアノがあった。その部屋には値段の張りそうな毛皮でできた服がたくさんあった。情報提供者のMさんたちは、屋敷の中にある金品を売却するため、裁判所の許可が下りるのを待っているという。

「夜逃げだとしたら、何かを持ち去った形跡がないですよね。何があったんだろう」

小塩さんが言うように、一家が生活していたときのままの状態ということは、何者かが不法侵入し、金目の物を物色した形跡もない。

それなのに、この屋敷から物音がする、と言われている。

仏間の隅に、雑に脱ぎ捨てられた服があった。

またしても、黒い背広だった。


全部、黒い服……


「また服が脱ぎ捨ててありますよ」

力夫が勝手口の近くの床を指差している。今度は黒いワンピースだ。傍には黒い背広も落ちている。

「さっきから、いろんな場所に服が落ちていますよね」

落ちていた服は、背広も婦人服もすべて黒色だった。

「全部黒い服か……あっ！」

力夫が嬌声をあげた瞬間、僕らは気づいてしまった。

すべて喪服だ。

屋敷のあちこちに、慌てて脱ぎ捨てたように喪服が放置されている。

「……ということは、喪服を脱ぎ捨てて、夜逃げしたんですか⁉」

そんなこと普通するか？　慌てて喪服を脱いだのに、着替える服を箪笥から引っ張り出した形跡はない。住人たちは裸で消えたのか。もしくは……喪服を脱ぎ捨てたのではなく、着ていた住人たちの身体だけが蒸発したかのように消えた……なんてことは、さすがにないよね？　と冗談っぽく言ってみたが、誰も笑っていない。

「その話は、屋敷を出たあとにしましょう！」

「そうですよ。なんか、息苦しくなってきましたよ」

もう一時間以上も蒸し風呂のような屋敷内にいるので、Tシャツが汗まみれになっている。あまりの暑さにこっちが溶けてなくなってしまいそうだ。

ハードな腐臭

「なんだ！　この臭いは」

台所に足を踏み入れた小塩さんが餌づきだした。大丈夫ですか、と近寄った力夫もむせてしまっている。ふたりのあとを追って台所に入った途端、生乾きの洗濯物をアンモニアに漬け込んだようなハードな腐臭が鼻を突き刺してきた。

「原因はこれですかね……」

力夫が鼻と口を抑えながら、キッチンテーブルを指差している。テーブルの上には、蓋の開いた大きなタッパがあった。なかには大量の梅干が漬けてある。二年もの間、室内に放置された梅干はじゅくじゅくに腐っていた。

それまでの部屋とは違い、台所は荒らされていた。床にはお茶菓子の袋や調味料の箱、そして米粒も散らばっている。米粒と同じぐらいの大きさの黒い塊も無数に散らばっている。

「鼠の糞ですよ。鼠が食い散らかしたんですよ」

小塩さんが、鼻と口元を掌で隠しながら教えてくれた。よく見ると、食い散らかされた食材以外は、食器や電気ポット、炊飯器が一家が生活したときのまきれいに並んでいた。

冷蔵庫近くの床には、特撮番組『炎神戦隊ゴーオンジャー』の団扇が落ちていた。調べると二〇〇八年から一家が消えた二〇〇九年にかけて放映されていた番組だ。

「この家の子どもが好きだったんでしょうね」

冷蔵庫の扉には、何枚ものメモ用紙がマグネットでとめられている。そのなかに、幼い子どもがクレヨンで描いた絵があった。ほかにも二〇〇九年八月のカレンダーが貼ってあり、幼い子の文字で日々の予定が書き込んである。そこには八月七日に「S男　けんさ」「S男　入院」と書いてある。一家は二〇〇九年の八月まで、この屋敷で暮らしていたのだろう。

「家族の中にS男さんという方がいたんですね……」

哀しげに語る小塩さんの話を聞きながら、冷蔵庫を開けた。その瞬間、息が吸えなくなり、両目から涙があふれ出した。電気の止まった冷蔵庫の中には、T川家が暮らしていたときに保存していた食品がそのまま入っていた。

「おおえええええええっ！」

全員が激しく餌づいてしまった。

「いったん屋敷を出ましょう！　外の空気を吸いませんか!?」

小塩さんの提案を断る者はいなかった。

おばあさんと紅い光

「外の空気を吸うのは、この部屋を見てからにしますか？」

小塩さんの提案で、台所の隣室に入ることにした。そこはT川家のおばあさんの部屋だったようだ。婦人服や生活用具は暮らしていたころのまま収納されている。壁には氷川きよしのポスターが貼ってある。覚醒してデヴィッド・ボウイのようにカッコよくなる前のゴリゴリの若手演歌歌手だったころの氷川きよしが満面の笑みを浮かべている室内には、加齢臭が漂っている。つまり、今僕たちは消えた住人の臭いを嗅いでいるんだよな……。

「ですよね……生々しいな」

力夫が鼻をおさえながら室内を探索している。

「アルバムがいっぱいありますよ」

ベッドの横に並ぶアルバムを一冊、手に取って開くと、家族の想い出がぎっしり詰まっていた。昭和の時代に撮影された写真もたくさん収められている。

「普通、家族の写真やアルバムって家を捨てるときに持っていきますよね……」

力夫も寂しげな表情でアルバムをめくっている。T川家の人はミーハーだったようで、芸能人と撮影した写真が何枚もあった。僕がめくっているアルバムにはお祭りのときに撮影したと思われる、桑野信義さんとの記念写真があった

「うわ、気持ち悪い！」

別のアルバムをチェックしていた力夫がゴキブリでも見たような声を上げた。

「このアルバム、変な写真が何枚もあるんですよ……」

そう言いながら問題の写真が貼られたページを開いて見せた。

「なんですか！　この写真は……」

小塩さんがドン引きしている。

それは、屋敷の玄関に置かれたサボテンを撮影した写真なのだが、サボテンの横に大きくてもやっとした奇怪な光が写っている。よくオーブと間違われる、カメラのフラッシュにホコリが反射した光ではない。炎のような紅い光が写っているのだ。

「こういう写真がほかにもあるんですよ。ほら」

本当だ。奇妙な写真のなかには、屋敷の庭で撮影した写真に、別の場所にいるおばあさんの姿が合成されたようになっているものもあった。

「なんかコラージュされたみたいで気持ち悪いですね……」

それらの写真を見ると、紅い光以外にも共通点があることに気づいた。

サボテンの写真以外は、すべて同じおばあさんが写っている。

おばあさんを撮影した写真には必ず紅い光が写っている。紅い光が写った写真は〝良くない〟と聞いたことがある。

「ですよね。なんで、そんな写真を何枚も大事そうにアルバムに入れてるんだろう……」

その大事なアルバムを置いて家族は消えた。


おばあさんの部屋を出たときだった。廊下の隅に紙の束が落ちているのを発見した。拾ってみると、葬儀のときに用意する訃報用紙だった。「訃報　T川S男　享年　七十五才」と書いてある。

「S男って冷蔵庫のカレンダーに書き込まれていた名前ですよね」

この家はT川家なのか。ということは屋敷の此所彼所にあった喪服は、S男さんの葬儀で着たものなのか。

「S男氏が亡くなられて、この土地の相続人がいなくなったんですかね。そのときに、なんらかのトラブルがあって、夜逃げしたと考えるのが妥当なんですかね」

小塩さんの言うとおりかもしれない。でも……葬儀の直後になぜ消えなければならないのか。喪服の脱ぎ様を見ると、一刻も早くこの家から脱出したかったように思えてくる。金目の物を持たずに、裸のまま飛び出したような。そんなことあるのか……。

「あっ！」

思わず発した自分の声を消すように、力夫が両手で口を押さえている。そして、

「今思ったんですけど……この家の人たちは自らの意志で逃げたんじゃなくて、何者かに消されたのでは……」

捨てられた通帳

「この部屋を調べたら、外に出て休憩しましょうか？　とにかく暑くて……」

一階の奥にある六畳ほどの和室に入った。部屋は、腋臭と加齢臭が混じった臭いが立ち込めていた。床には大量の書類や名刺が散らばっている。名刺は衆議院議員や政治家秘書、地元警察署の署長など大物クラスのものばかり。

この部屋にも、喪服が脱ぎ捨ててあった。

「預金通帳が何冊もありますよ！」

繰り越して使わなくなったものだろうか。念のため床に散らばった通帳を開いてみた。

「すげ！　貯金残高が七百七十六万九千五百四十五円もありますよ！」

「こっちは三千五百二九万六千八百四十一円」

僕が開いた通帳は千三百九十五万五千八百十一円。通帳は、どれも繰り越していなかった。

これだけの預金通帳を残してT川家は消えた。夜逃げではないのかもしれない。力夫の言うように、何者かに消されたのか。ダーティーワークに精通した人間が他人の預金通帳を入手した場合、名義人の職場、住所、生年月日などの個人情報がわかれば、通帳の持ち主になりすまして預金を引き出すことが可能だと以前、聞いたことがある。だが、通帳は盗まれていない。その代わり、T川家を消した人物は、この部屋で金品じゃない何かを探そうとして荒らしたのか。

それとも、やっぱり一家全員が狂って家から逃げ出したのか。

全然わからない。

「その話の続きは屋敷の外でしましょう！　そろそろ煙草を吸いたくないですか⁉」

八月の熱帯夜に冷房のない屋敷に二時間近くもいた。僕の身体に、じっとりと湿ったTシャツが貼りついていた。

謎の声

屋敷を出ると、雨は止んでいた。僕らは玄関前で煙草を吸った。

「ちょっと休んだら、残りの部屋と二階へ行きましょう」

嫌だな。もう帰りてえな……なんて思っていたら、

あいあむぼぁまいとうぃあ……


屋敷の中から男の声が聞こえた。

くぐもった声だった。声が聞こえた途端、両脚がしびれたようになり、動けなくなってしまった。

「い、今のなんですか⁉」

力夫の眼が見開いている。

「二階から聞こえましたよね⁉」

小塩さんもだ。ふたりとも目にうっすら涙を浮かべている。それは僕も同じだ。小塩さんが言うように、声は二階から聞こえた。

「呻き声ではなく、言葉を発してる感じでしたよね……しかも、日本語ではなかったような」

うお　ああああっ！　うごうごっごぼっ

また聞こえた！

今度は激しく咳き込んでいる。誰か二階にいるのか。確認したほうがいいのか……？

「出ましょう！」

僕らは屋敷の潜入を強制終了し、脱出した。

コードネーム「消滅屋敷」

屋敷は、僕らの潜入した五日後に取り壊される予定だった。しかし、手続きが手間取ってしまい、解体工事が一ヶ月延期された。

「それで、Mさんが壊す前にまた行ってもいい、と言うんですが……どうします？」

そう言われると悩むな。屋敷の二階はまだ見ていないし。

「俺は絶対に行きたくないですよ！　あの家の生活臭が生々しくてキツいんですよ」

力夫は最後まで拒んだが、多数決の結果、再度潜入することになった。今回も近隣住民の目があるので、深夜に静かに潜入しなければならない。僕はこの屋敷を「一家全員消滅屋敷」というコードネームで呼ぶことにした。が、小塩さんから「その名前は長すぎる」とクレームをつくられただけでなく、当の僕がコードネームを口にするたびに「一家消滅屋敷」や「全員消滅屋敷」と間違えるので、いっそソリッドにしちゃいましょう、と話し合った結果、「消滅屋敷」と呼ぶことになった。

八月十九日、深夜。今僕らは再び消滅屋敷の敷地内にいる。今夜は母屋に再潜入する前に敷地内にある土蔵とコンクリートの打ちっ放しの離れ家も探索することになっている。

「あの……大事なお話があるんですが」

小塩さんが苦渋に満ちた顔で僕らを見つめている。

「実は昨日、Mさんから屋敷に関する新たな情報が送られてきたんです。Mさんも昨日、わかったことなんですよ」

それ、今言うことですか? 実は、家族が消えた理由は大した話じゃないんですよ的な明るい情報なら聞きますよ、という僕の願いをガン無視した小塩さんは淡々とした口調で、Mさんからのメールを読み上げた。

「本来、あの屋敷は、ここに住んでいる長男が相続するはずでした。しかし、今から四年前、長男は敷地内にある土蔵で日本刀を発見したんです」

え、いきなり話が僕のキャパを超えた気がするんですが……。

「そして長男は日本刀で人を殺めてしまった。長男は今は服役中で相続権を放棄したんです」

え。

目の前にある消滅屋敷が前回よりも大きく、そして禍々しく思えてきた。僕だけではない。あまりに想定外すぎる事実を知らされた力夫も言葉が出ないようだ。

「そういうわけで、まずは土蔵に潜入しますか？」

そんなヘビーな話を聞いたあとじゃ、全然入れる気がしないんですけど……。


土蔵の中は、段ボール箱やカラーボックスがきれいに積まれていた。長男はこの中から日本刀を見つけたのか。そんなことを考えながら蔵の中にいると、長男が土蔵の中を物色している残像が見てくる気がする……。

念のため蔵に保管されている収納箱を一つひとつ開封してみる。箱を開けるたびに、お願いだから日本刀が見つかりませんように……と祈った。幸いなことに、どの箱の中も値打ちがありそうな皿や生活用品などが保管されているだけだった。

「犯行に使った日本刀は警察が押収したからあるわけないじゃないですか」

小塩さんが冷ややかに笑っている。土蔵の中も前回に潜入した屋敷のように、何かを持ち出した形跡はなかった。

「次は離れ家に潜入しますか」

鉄筋コンクリート二階建ての離れ家の一階は物置に使われており、二階は住居スペースになっていた。

部屋の中は、分解されたドラムセット、使い古された何十本ものドラムスティック、ジャズ雑誌のバックナンバー、MDやCDが散乱していた。この部屋は事件を起こした長男が使っていたのでは。それで警察が事件後に家宅捜索をしたのではないだろうか。それとも……長男が事件を起こす前、自ら荒らしたのだろうか。
いずれにしても長居はしたくない場所だった。

次はいよいよ母屋への再潜入である。
今回は二階を見たい、とは言ったけど、実際に屋敷が目の前にあると入れる気がしない。一刻も早く帰りたい
「だったら、俺が断ったときに賛同してくださいよ！　ギンティさんが行くって言うから多数決で〝行かない派〟の俺が負けて来ちゃったんじゃないすか⁉」
返す言葉がまったくない……。

トイ・ストーリー

冷房がない屋敷の内部は今夜も容赦なく蒸し暑かった。母屋の二階には、子ども部屋があった。まだ幼い子の部屋だったようで、開封された幼児用紙オムツの袋が転がっていた。

「一階の生々しさもハードでしたが、いなくなった子ども部屋にいるほうがキツいものがありますね……」

力夫は切実な顔つきで、柱に所狭しと貼られた、アニメキャラクターのシールやプリクラを見つめている。部屋の隅に置かれたカラーボックスには、玩具がしまわれていた。その中にCGアニメ映画『トイ・ストーリー』の主役キャラクターであるバズ・ライトイヤーのトーキングフィギュアがあった。胸のボタンを押すと吹替した所ジョージの声で決めセリフを発するやつだ。子ども部屋の押し入れを探索しているふたりは、まだバズの存在に気づいていない。それならば……真夜中の屋敷に突然、所ジョージの声が響き渡ったらふたりは腰を抜かすだろう。僕は躊躇うことなくバズ人形のボタンを押した。

アイ・アム・バ〜ズ・ライトイヤ〜！　スペ〜スレンジャ〜！

あれ、この人形、所ジョージの声じゃなくて英語バージョンだ。それでも声を聞いた瞬間、力夫と小塩さんの背中がビクっとなり、そのまま硬直している。もしかして怒ってます？

「ギンティさん！　今の声ですよ！」

え、どういうこと？

「だから！　この前、屋敷の外で聞いた声ですよ……」

ウソ？

「力夫氏の言うとおりかも！　それで前回聞こえたときに〝日本語じゃない〟って思ったのか」

思わずバズを床に落としまった。でも、二階から聞こえた声は咳もしていたよ。音声機能のある人形でもさすがに咳はしないでしょ。念のため、胸のボタンを押してみた。

「うお　あああああっ！　うごうごっごぼっ！」

バズが咳こんだ。音声パターンのなかにあったのか。これで前回聞いた声の主がハッキリしてしまった……。

「うわ、ガチのトイ・ストーリーじゃないですか……」

あの晩、バズ人形は会えなくなってしまった持ち主の子を呼んでいたのだろうか。

それとも——二〇一〇年、「僕は座敷わらしが遊びに来る」と言われる岩手県にある旅館・緑風荘を取材した。「座敷わらしが棲む」と言われる部屋にはたくさんの玩具が置いてあった。そのなかにボタンを押すと、鳴き声を発する小鳥の玩具があった。取材中、僕の目の前で、誰も触っていない小鳥の玩具が鳴きだした。そのことを旅館の主人に告げると、こう教えてくれた。

「座敷わらしが遊びに来たんですよ」

似たような現象が前回の消滅屋敷潜入で起きた。バズが自ら音声を発したのではなく、僕らには見えない、誰かがバズの玩具で遊んでいたのだろうか。

いずれにせよ、哀しい気持ちになってくる。でも、今夜は黙っていてくれないでしょうか。そうじゃないと、僕らが失神するかもしれないので……。

押し入れにあった恐ろしいブツ

二階を探索し終えた僕らは一階の客間にいた。

「なんでT川家の方たちが消えたのか、ますますわからなくなりましたね」

生活していたままの状態の室内、脱ぎ散らかされた喪服、残された預金通帳、勝手に音声を発するバズ人形、そして、土蔵の日本刀で殺人事件を起こした長男。それらのピースがまったくつながらない。だが、取材前は半信半疑だったが、この屋敷は心霊現象が起きていることはわかった。

「事件的なものが原因な気もするし、心霊的なもののような気もするな……」

小塩さんの話に耳を傾けながら、客間を見渡していた。半間の押入れが開けっぱなしになっていた。前回もそうだったっけ。覚えてないな。中を見ると、たくさんの座布団が収納されている。訪問客がたくさんいたんだな……なんて思いながら眺めていると、

「あれ!?　座布団と座布団の間に何かありますよ」

力夫が懐中電灯を照らす先を見ると、座布団の間に黒い棒状のものが挟まっている。「何

ですかね」と言いながら力夫は押入れに顔を近づけた。が、次の瞬間、

「あああああああっ！」

ものすごい勢いであとずさりをした。ぜえぜえと肩で息をしながら「マジかよ！」とうわ言のように繰り返してる。僕と小塩さんも押入れに顔を近づけた。棒状のものの正体がわかった。

日本刀だ。

黒い柄の部分が座布団の間から飛び出していたのだ。なんで、こんな所に隠してあるんだ。まさか長男が使ったやつじゃ……。

「それはないでしょ……。犯行に使われた凶器なら、警察が押収しているはずですよ！」

小塩さんの言うとおりだが、それならなぜ、T川家の人間は刀を隠していたんだ。屋敷の謎がさらに深まってしまった……で、この日本刀はどうします？ 押入れから出してみます？ やっぱり触らないほうがいいかな？

「……」

誰も答えてくれない。その代わり、小塩さんは眉間に皺を寄せながら僕を見つめている。その眼は「早く刀を出せよ」と言いたげだ。え、でも……。

「出してみないことにはわからないじゃないですか？」

勘弁してくださいよ。この屋敷の敷地で日本刀を発見した長男は、人を殺めたんですよ。

同じ刀じゃないにしても、この屋敷が所有する日本刀を抜くなんて、絶対に嫌だ……。

「でも、抜いてみないことには記事になりませんからね……」

審議の結果、ジャンケンで刀を抜くヤツを決めることになった。

「じゃ、行きますよ。ジャンケン、ポン！」

「マジかよ……」

一発で負けた力夫がへたり込んでいる。そして僕らを睨みつけながら、

「そもそも二回も来ること自体が嫌だったのに！　うわ……どうしよう！　もしも、日本刀を抜いた瞬間、気が狂ってふたりに襲いかかったら」

今、なんて言った？

「そのときはすいませんね！　ふたりを殺しちゃったとしたら、それは俺じゃなくて、この刀がそうさせたはずなんで！　っていうか、俺に刀を抜かせたふたりの責任なんで！　あの世で俺を恨むようなセコい真似は勘弁っすよ！」

吐き捨てるように言いながらヤケクソ気味に刀の柄に手を伸ばそうとした。そのとき、

「力夫氏、ちょっと待って！」

「なんすか!?」

「そういえば、力夫氏って柔道の有段者なんだよね？　学生時代に関東大会にも出場したんだよね？」

「そうですけど何か？」

「刀を抜いた人間が発狂するとしたら、格闘技経験者じゃない人が適任じゃないかな」

小塩さんは何を言い出してるんだ。ものすごく悪い予感がしてきた。不安が募る僕とは裏腹に、力夫の顔は晴々としている。

「なるほど！　発狂しても、残りのふたりで押さえ込める人が持つべきですね！」

納得するんじゃない！　ふたりとも、俺に熱い眼差しを向けるんじゃない！　もう皆さんもおわかりのように、刀当番は僕になった。


「じゃ、さっさと抜いてください」

小塩さんは芋掘りでもやらすようなカジュアルさで僕に指示を出す。でも、僕だってわかんないですよ。刀を抜いた瞬間、武士の魂が宿っちゃうかもしれませんよ。僕とは思えないほどの強さを発揮しちゃうかもしれないですよ。

「それなら方法を変えましょう」

やめてくれるんですね！

「違います。力夫氏はギンティさんの真後ろにいて、いざというときは柔道の技で絞め落としてください」

「了解！」

了解じゃねえよ！　と文句を言うよりも早く、背後に立った力夫はクイックな動作で、太い腕を僕の首に絡めて柔道では裸締め、プロレスではチョークスリーパーと呼ばれる器官を絞める技の体制に入った。

「力夫氏、スタンバイOKですか？」

「OKです！」

「じゃ、ギンティさん、日本刀を抜いてください！」

そう言いながら、小塩さんは刀の間合いよりも遥か遠くにあとずさりしていく。

「ギンティさん、早く」

と言いながら背後の力夫はチョークスリーパー体制の腕に力を入れた。

ぐ、ぐるじい……。

あやつり人形のようになった僕は座布団と座布団の間をこじ開けた。あれ？　刀の横にもう一本、黒い棒状のものが……。

「ああっ、一本だけじゃない！」と叫びながら力夫の腕に力が入った。一瞬、くらっとした。今落とさなくていいでしょ！

刀は、大刀と脇差の二振りあることが判明した。

まずは大刀の柄を握り、座布団の間から引き抜いた。

「なが……」

一メートルほどある大刀が押入れから姿を現した瞬間、小塩さんはさらにあとずさった。次に押入れから出した脇差は六十センチほどであった。二振りを座卓の上に並べた。刀は二振りとも黒かった。鞘も柄も、鍔も鞘に付いたサゲオと呼ばれる紐も黒い。

「じゃ、大刀を鞘から抜いてみてください。お願いします」

口では丁寧な物言いをしながら、力夫は僕の首にからめた腕に力を入れてきた。柄を握る手に力を入れるが、なかなか抜けない。だからといって力みすぎてはいけない。景気良く抜けた勢いで、誰かを傷つけてしまう、もしくは力夫に落とされる危険がある。それに、抜いた瞬間に自分が自分でなくなってしまう危険もある。ここは力を込めつつも慎重に抜こう。

しゃああっ、という音とともに刀身が露になった。

小塩さんの懐中電灯に照らされて鈍い光を放っている。刀身に指で触れてみた。冷たい。しかし、刃は斬れないように刃引きがしてあった。

「刃がそのままだと、法律的に所持できないですからね」

「良かった……」と言いながらも力夫はチョークを少しも緩めていない。切っ先に触れてみた。鋭いままだ。それなら、これでふたりを刺せるのかな……っていかん！　物騒なことを考えてしまった。僕は震える手に力を込めて、慎重かつ急いで鞘に収めた。

床下からの怪音

皆、ホッとしている。しかし、次に鞘から抜いた脇差の刃は人が斬れる状態だった。鞘に収めた二振りの刀を押入れに戻した。同時に力夫はチョークスリーパーを解くと、床にへたり込んでしまった。僕もだ。

「いやぁ……緊張しましたね」と言いながら小塩さんもしゃがみ込んでいる。本当に疲れた。

ぶぅぶぶぶぶぶぅぶぶぅぶぶぶぶぅぶ

なんだ？

床から振動が伝わってきたけど。

「誰か、携帯を床に置いてませんか。バイブ機能になっていて、着信じゃないですか？」

確認したが、誰も携帯を床には置いてない。それに着信はない。

ぶぶぶぅぶぶぶぅぶぶぶぶぶぅぶぶぶ

床からは、なおも小刻みな振動が伝わってくる。

「台所を荒らしていた鼠が床下にいたとしても、こんな音は出さないですよね……」

ぶぶぅぶぶっ

振動が止まった。なんだったんだ。刀騒動が終わって気が抜けた瞬間に起きた、あまりに意味不明なことに全員が呆気にとられている。

やはり、この屋敷にはこの世のものではない何かがいる。


こうして二回にわたる消滅屋敷の潜入が終わった。あとは屋敷が取り壊されるのを待つだけだ。じゃ、帰りますか。いやあ、不思議な屋敷でしたね、などと帰宅ムードを漂わせながら話す僕に、小塩さんが涼しげな顔でこんなことを言い出した。

「ギンティさん、次に来るときは、ここで何をします？」

え？　この人、蒸し風呂のような消滅屋敷にいすぎて頭がおかしくなったの？

「何言ってるんですか。『怖い噂』の次号の取材、まだやってないでしょ？」

それは今夜やったんじゃ……？

「ダメですよ。SRシンレイノラッパーZと一緒じゃないと！　それに今夜は屋敷の中をうろうろしていただけで、何のチャレンジもしていないじゃないですか」

必死の思いで日本刀を抜いたのに……厳しすぎる。

「もっとSRシンレイノラッパーZのマネージャーとしての自覚を持ってくださいよ。ギンティさんのコーナーは毎回、心霊スポットでギンティさんがクレイジーなことをしないと成立しないでしょ」

はい……。

「っていうか、ちょっと待ってくださいよ！　シンレイノラッパーZで潜入する、ということは俺もまた来るんですか⁉」

小塩さんの提案は力夫にも寝耳に水だった。

「当り前じゃないですか。ダースレイダー氏のラップの力で除霊してもらいましょうよ」

ダースにそんな力、絶対にあるわけがない。

「でも、この屋敷でフリースタイル・バトルをやれば、ものすごい怪異が記録できるかもしれませんよ」

小塩さんの口からは、完全に他人事のようにさらさらと非情な提案が飛び出す。

「シンレイノラッパーZの企画ということは、ギンティさんは何もしないつもりですか？」

まあ、力夫の言うとおり、そういうことになるかな。僕はマネージャー、主役は君たちSRシンレイノラッパーZだからさ。あまり主役の邪魔はしたくないんだよね。

「わかりました」

納得した力夫の顔から誰が見ても悪だくみしている、としか思えない笑みがこぼれ出した。また嫌な予感がしてきたんだけど。

「俺はシンレイノラッパーZに強制的に入れられて、やりたくもないダンサーにされているんだから、ギンティさんもちゃんとマネージャーらしくしてもらわないと！」

それはやってるじゃない。いつも取材前にクルーたちのスケジュールの調整をしているし、取材では進行してるし、と説明したが力夫は一ミリも納得していない。

「そういうことじゃないんですよ。俺は、ギンティさんはマネージャーなんだから、もっとジャーマネっぽいスタイルで取材に来てくれませんか、って言ってるんですよ」

屈強な見た目と裏腹にずいぶん細かいことを気にするんだな。それなら取材当日はスーツでも着るよ。でも、スーツなんて滅多に着ないからな、どこにしまったっけかな。

「それなら大丈夫ですよ！　スーツならありますから！　そうですよね、小塩さん」

「なるほど！　そういうことですね、力夫氏！」

小塩さんが目尻を下げて何度も頷いているが、どういうこと……？

「感が鈍い男だな。そこにあるじゃないですか？」

小塩さんと力夫が指さした先を見て言葉を失った。

屋敷内に脱ぎ捨てられた喪服だ……。

まさか、本当にこれを着ろ、って言ってるの？

「そりゃそうでしょ！　じゃ、早く次回の衣装を選んで帰りましょう！」

子どもだったら泣いているだろう。でも、僕は来年四十歳になる大人だから泣いちゃダメ。それに、どう足掻いても喪服は着ることになる。仕方がない。

僕は廊下に脱ぎ捨てられた喪服を拾った。

前回の潜入で死体と間違えた喪服だ。心なしか重い感じがした。次に来るときは、これを着てきます。でも、決して僕を恨まないでください、と心の中で祈ったとき、『トイ・ストーリー』のバズの顔が浮かんだ。

闇の中で異様なまでの
存在感を放つ消滅屋敷

子ども部屋で発見した
『トイ・ストーリー』バズ・
ライトイヤーのトーキン
グフィギュア

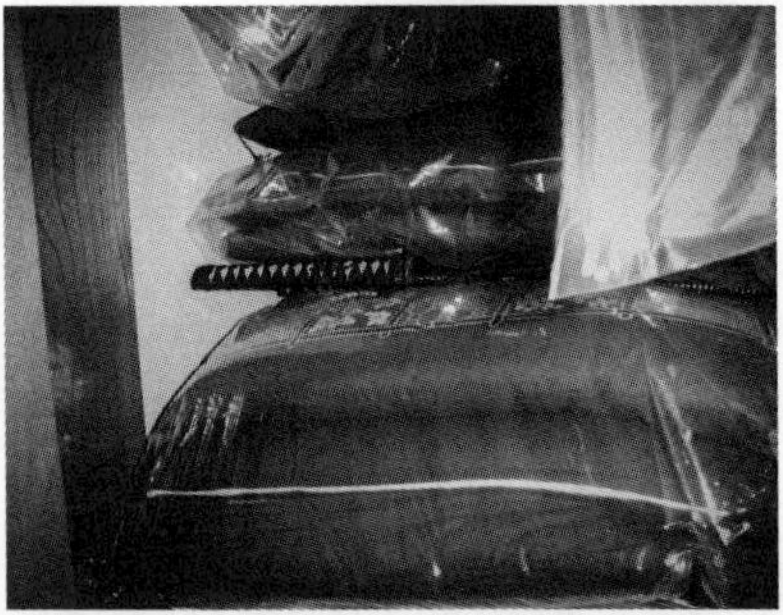

押し入れの座布団の間
にあった日本刀

Chap.7

「消滅屋敷」其ノ弐

消滅屋敷で「ハッピー料理コンテスト」

その後、近日中に予定されていた屋敷の解体工事は、またしても手続きに手間取って、さらに延長された。そして、脳梗塞の手術から退院したばかりのダースレイダー、DJオショウ、ペッティングボーイ、森ボーイこと力夫で結成されたSRシンレイノラッパーZとともに三度目の潜入をした。案の定、ペッティ君は僕が、屋敷内に落ちていた喪服を着用していることを知ると烈火のごとく怒った。その潜入中にも、床下からの謎の振動音が鳴る現象も体験した。

実はSRZとの取材のとき、僕はクルーがひとりで屋敷に潜入して、一家の長男による殺人事件の新聞記事を朗読するミッションを考えていた。

「相変わらず罰当りなことを考えますね」

口ではそう言いながらもウキウキしている小塩さんも時間が許す限り、国会図書館に足を運び、事件を特定しようとしてくれた。しかし、いくら調べても該当する事件は見つからなかった。

長男は日本刀を発見して気がおかしくなっただけで、凶器は違うものかもしれない。しかし、特定できないことには殺人事件の記事を朗読することは不可能だった。そのため取材当日は、SRZクルーが屋敷に単独潜入して、ダースの快気祝いのための創作料理を作る「ハッピー料理コンテスト」を行なった。まあ、この企画にもペッティ君は当然、激怒していたが……。

それからしばらくして、消滅屋敷は解体された。T川家の所有していた土地は、破格の値で売られた。

長男と殺人事件

そして現在。僕はこの原稿を書くために、一家が消滅した屋敷について再び調べている。まず知りたいのは、長男が起こしたという殺人事件の詳細だ。二〇一一年に消滅屋敷を取材していたとき、僕は二〇〇六年と二〇〇七年に起きた二件の通り魔事件が長男によるものなのでは、と思っていた。二〇〇七年に起こった殺人未遂で犯人は逮捕されたが、二〇〇六年の殺人事件は犯人が特定されていなかった。しかし、二〇一七年に二〇〇七年の殺人未遂事件で服役していた犯人が、「二〇〇六年の通り魔殺人は自分がやった」と告白した。その動機を、犯人は「寝ていると殺した女性が枕元に出る」と警察に語ったという。

その事件が起きたトンネルは二〇一八年にテレビ放送された心霊特番で、心霊スポットとして紹介されていた。タクシーがトンネルを通ると、無線から女性の声が聞こえてくる……そんな体験を何人ものタクシー運転手がした。しかし、犯人が二〇一七年に罪を認めてからは、女性の声はしなくなったという。

結局、この事件は消滅屋敷の長男とは関係ないものだった。こうなったら消滅屋敷を紹介してくれた不動産業者のMさんに教えてもらおう、と小塩さんにお願いした。これで糸口が見つかるだろう、と思った。が、数日後、

「Mさんの所在がわからないんですよ。今は不動産の仕事もやっていないようで……」

小塩さんがあらゆる伝を頼ったが、誰もMさんの消息を知らないという。

Mさんも屋敷に関わったことで、T川家のように消えてしまったのだろうか。

「そんな屋敷、あったっけ？」

こうなったら現地に行き、近隣住民から聞き込みをするしかない。僕は小塩さんとともに再び消滅屋敷のあった某県に向かった。

屋敷のあった場所には、今は十三軒ものモダンな一戸建てが建っている。屋敷の隣にあった畑だった場所にも十数軒の家が建っている。改めて消滅屋敷が有していた敷地の広さを思い知らされた。

「付近の店を周って、聞き込みをしますか？」

これまでの深夜の取材ではわからなかったが、消滅屋敷があった場所の付近には理髪店や喫茶店、酒屋などがある。それらの店に聞き込みをすれば、新たな情報を入手できるはずだ。僕らはそう思っていた。が、しかし……。

「出て行ってくれないか。これから店は忙しくなるんだよ」

さっきまで愛想が良かった、喫茶店の主人の顔が険しくなった。話題がT川家の屋敷になった途端にだ。その前に聞き込みに入った理髪店の女主人もそうだった。

「あの家のことなんて知りません！　こっちは忙しいのよ！」

客がひとりもいない店から追い返されてしまった。近隣の住人や店に片っ端から聞いて回った。皆、最初は口が滑らかだったが、屋敷の話題になると誰もが一様に表情を曇らせ、口を閉ざしてしまう。なかには、こんなことも言う人もいた。

「そんな屋敷、あったっけ？　憶えてないな」

そんなはずはない。一家全員が消滅した屋敷は、この街の坂の上に建っていた。まるで、坂下で暮らす家々を見下ろすように、威風堂々と建っていた。

あの屋敷で暮らしていたT川家の人たちは、今も生きているのだろうか。できることなら、どこかで穏やかな日々を過ごしていてほしい。

消滅屋敷で調達したスーツに身を包み、クルーたちにミッションの説明をするギンティ小林

ミッションのために製造された「ダース・ロボ」（段ボールのお手製）とＳＲＺのメンバーたち

Chap. 8

あの名優と空飛ぶ円盤をめぐる物語

「前なんかさ、円盤見ちゃったもん！」

松田優作さんが、一九八九年十一月六日にこの世を去ってから三十年以上経つ。しかし、彼の人気は衰えるどころか今もなお、新たなファンを増やし続けている。

松田優作さんが出演したテレビドラマといえば『太陽にほえろ！』（一九七二〜一九八六年）のジーパン刑事、『探偵物語』（一九七九〜一九八〇年）の工藤俊作のイメージがポピュラーだが、コアなファンの間で人気が高いのが、石原プロ製作・渡哲也主演のバイオレンス刑事ドラマ『大都会ＰＡＲＴⅡ』（一九七七年）である。このドラマで松田優作さんは、主人公・黒岩刑事（渡哲也）の右腕的存在・徳吉刑事に扮している。毎回、ショットガン乱射魔が東京タワーをジャックしたり、暴走トラックが商店街を破壊したり、爆弾魔が野球場を爆破しようとしたりするなど、今では絶対に撮影不可能な凶悪犯罪が繰り広げられるなか、松田優作さんは軽妙なアドリブを連発して視聴者を楽しませてくれた。

そんな『大都会ＰＡＲＴⅡ』には、第四十六話「霊感《オカルト》聖少女」という、僕的には合格なタイトルのエピソードがある。

徳吉刑事の後輩・神刑事（神田正輝）が自称・霊能者の少女と知り合う。彼は少女のお告げで、強盗事件を未然に防ぐ。あまりに人智を超越した逮捕劇に、同僚刑事たちは不審に思う。実は少女は強盗グループのメンバーの妹で、無理やり犯罪に巻き込まれた兄を助けたい一心から、霊能者に成りすまして、犯行計画の情報を神刑事に提供していた。
ラスト、無事に事件を解決した徳吉刑事は黒岩刑事、神刑事とともに城西署に戻る車中で突如、こんなことを言い始める。

徳吉刑事「俺はね、輪廻の思想を持ってるんだよ。だから、わりと霊魂って信じるの！」
神刑事「そうですか……」
徳吉刑事「前なんかさ、円盤見ちゃったもん！　それにほら、人魂も見たの。人魂も！」
黒岩刑事「ほら、またトクの冗談だよ！」
徳吉刑事「あら？　なんすか、その目は？　嘘だと思ってるでしょ？　本当すよ、いや本当！」

黒岩刑事も言うように、僕らもこのシーンを観たとき、イキナリなめらかな口調でオカルト体験を語り出す徳吉刑事のホラ話に爆笑した。おそらく、このシーンのセリフも松田優作さんのアドリブだろう。ストイックなイメージを醸し出している優作さんが「円盤見ちゃったもん」と喜々として自慢するギャップが生み出す笑いはサイコーだ、などと若き日の優作さんの姿を呑気に楽しんでいた、そのとき――僕の脳裏に、ある記憶が蘇った。
そういえば以前、松田優作さんと親交があったある人から、こんな話を聞いたことがあった。

松田優作さんは生前、ＵＦＯを見たことがある――。

家じゅうの電灯をつけてＵＦＯを待っていた……

それはある日の夜、松田優作さんが自宅にいたときのこと。部屋の中に、外から昼間かと思うぐらい強烈な光が差し込んできた。

窓の外を見ると、自分の家の上空で目もくらむような光を放つ飛行物体が浮いている。

それ以来、松田優作さんは毎年、ＵＦＯを見たその日になると、家じゅうの電灯をつけてＵＦＯを待っていたという。

あまりに突拍子もない情報に唖然としている読者もいることだろう。

こういう書き方をすると、『大都会ＰＡＲＴⅡ』のなかでのアドリブが嘘ではない、という印象を与えてしまうが、それは違う。いつ、松田優作さんがＵＦＯを見たのかは定かではない。しかし、この話を聞いたとき、僕はますます松田優作さんという人が好きになった。優作さんといえば、常に常識にとらわれないスタンスで、ストイックなまでに新たな役柄に挑戦していた俳優というイメージが強い。ＵＦＯ目撃談を聞いた僕のなかで、そんなイメージがさらに強くなった。「俺は二十四時間、映画のことを考えている」と語っていた松田優作さんの根底に流れるピュアなものを垣間見ることができた気がしたからだ。

そうは言っても当然、僕は生前の松田優作さんとは面識がないし、この話が事実かどうか立証できる材料を持ち合わせていない。それに、松田優作さんに纏わる伝説は数々あるが、このような不思議なお話はまったくと言っていいほど世に出ていない。

このＵＦＯ目撃談を裏づけるような逸話が残されていないものか？　そう思い、彼について書かれた書物を調べてみた。すると、ＵＦＯにまつわるエピソードがあった！

「お前、ＵＦＯが見たいか」

彼の死後に発表された関係者の証言集『松田優作クロニクル』（キネマ旬報社）のなかで『蘇る金狼』（一九七九年）、『野獣死すべし』（一九八〇年）を製作した角川春樹さんが、寄せたコメントに書いてあった。一九八八年、角川春樹さんが松田優作さん、映画監督の崔洋一さんとの三人で行ったニューヨーク旅行の帰りにハワイに寄ったときのことである。

その後、ハワイに寄ったのですが、ＵＦＯ体験を二人にさせたことがあります。ホテルの部屋で飲んでいたとき、私は後ろにＵＦＯが来ていることがわかった。

優作に「お前、ＵＦＯが見たいか」と聞くと、「見たい、見たい」と言うから見せた。

その間、崔がトイレに行ったから、「待ってろ、もう一人来るから」とＵＦＯにシグナルを送ったらUFOは崖が戻ってくるまで待っていて、直後に、パーッと消えた。

「社長、ありがとうございます」と優作は喜んでいてね。

彼は亡くなる前にも、私にUFOを見せてもらったことを感謝したらしい。

そうした私に対する感謝の気持ちを彼は強く持っていて、毎年忘年会をやってくれたり、新年会にも来てくれたりしましたね。


はたして、角川春樹さんにUFOと交信する力があるのか？　そこがちょっぴり気になるところではある。だが、この話が本当だとしたら、角川春樹さんに、UFOを見せてもらったことをずっと感謝し続けた男、松田優作さんは、僕らが思っている以上にピュアで素敵な人ではないか。

異色作『ア・ホーマンス』に込められた思い

松田優作さんといえば『ブラック・レイン』（一九八九年）でハリウッドに進出し、その実力をハリウッドにアピールした結果、次回作には敬愛する俳優ロバート・デ・ニーロとの共演企画が予定されていた逸話はあまりに有名である。多くのファンたちがデ・ニーロとの共演が実現されなかったことを悔やんでいる。個人的にはもう一作、どうしても実現してほしかった幻の企画がある。それは『野獣死すべし』など数多くの松田優作主演作のシナリオを執筆してきた脚本家・丸山昇一さんが、優作さんのアイデアを脚本にした『緑色の血が流れる』だ。このシナリオは、丸山さんが優作さんのために執筆したが、映画化されなかった脚本をまとめた『松田優作＋丸山昇一　未発表シナリオ集』（幻冬舎）で読むことができる。

優作さんが演じるのは探偵・甲田某。彼のもとに、ヤクザ組織から追われる美女が駆け込んでくる。そしてふたりの逃避行が始まるのだが、実は甲田の身体に流れる血は緑色で、十六歳以前の記憶がいっさいない。美女には人間らしい感情がない。実は、ふたりの正体はレプリカントなのである。

『未発表シナリオ集』の作品解説のなかで丸山さんは「ＳＦＸを使わないＳＦをやりたいって優作さんはずっと言っていた」と語っている。そんなふたりの実験的スピリッツが、すでに映像化されている作品がある。

狩撫麻礼《かりぶまれい》原作、たなか亜希夫作画の漫画を松田優作監督・主演、丸山昇一脚本で映画化した『ア・ホーマンス』（一九八六年）である。原作では記憶を失った建築デザイナーという主人公の設定をふたりは大幅に変更。なんと、新宿の街にバイク一台でやってきた記憶を失った流れ者で、その正体はベトナム戦争で負傷した〝サイボーグ傭兵〟というセンスの良すぎる役柄にチェンジしたのである。

だからといって、『ターミネーター』（一九八四年）のようにSFXを駆使したサイボーグ描写はほとんどない。映画のラスト、一瞬だけその正体が明らかになるカットがあるのみ。優作さんはSFXではなく、映像に流れる空気感や演技で、現実から少しだけずれた世界を表現しようとした。

また、本作の原作者・狩撫麻礼さんといえば、「土屋ガロン」名義で原作を担当した漫画『オールド・ボーイ』が二〇〇三年に韓国で映画化され、第五十七回カンヌ国際映画祭で審査委員特別グランプリを受賞した。そんな狩撫作品を、八〇年代の段階で注目し、映画化した松田優作さんのセンスは研ぎ澄まされているとしか言いようがない。

それだけに、UFOの存在を信じて疑わない松田優作さんが提示しようとした〝新たなSF映画の在り方〟を今となっては観ることができないのは残念でならない。

Chap. 9

恐怖! 樹海のワラ人形

「そうだ！　青木ヶ原樹海にあるワラ人形をむしって来いよ！」

ことの発端は二〇一二年の夏に上映する映画『怪談　新耳袋殴り込み！　北海道編』撮影直前のこと。プロデューサーが「平山夢明さんが北海道にガチで幽霊が見える場所を知っている」と言いだした。早速、平山さんに会いに行くことになった。会うたびに、THE FOOLSのヴォーカル、伊藤耕さんがドラッグを抜いたのに、まだバキバキになっているような人だな、としみじみと思ってしまう俺ジナルすぎる感性&ルックスのオーナーである平山さんへの取材中、「どうしても幽霊を撮影したいんです。何かイイ方法はありませんか？」と聞くと、飛びっきりの笑顔を浮かべながら、正気とは思えないことを言い出した。

「それなら何か良くないブツを持っていきたいよなぁ……そうだ！　青木ヶ原樹海にあるワラ人形をむしって来いよ！」

平山さんはかつて樹海でワラ人形を発見したという。

「俺が見たワラちゃんはね、釘がキンタマのところにガンガン刺さっていて。〝こりゃ、ホストだ〟って思ったな。だからよ、樹海からワラちゃんを持ってきて、北海道に連れて行けよ。そしたら道中、ドキドキすんじゃん⁉」

そりゃそうでしょうけど……。

取材を終えた殴り込みGメンは困り果てていた。

「平山さんってメチャクチャだよ……。樹海のワラ人形って北海道と関係ないから！」

たしかに平山さんの発言は常軌を逸していたが、心霊現象を撮らなければいけない身としては無視することのできないサムシングが満載だ。それに、この計画をスルーしたら平山さんは僕らを「大したことねえ奴ら」と思うはずだ。それだけは避けたい。

「僕もそう思うな！」

プロデューサーも力強くうなずいてくれた。

「僕らは平山さんに試されている気がしてならないんだよ！　ですよね！　こうなったら北海道取材直前ですが、樹海に行きましょう！」

「そうしよう！　でも、僕は忙しいから行かないよ！」

……え？


「遺留品を探すためのトングとスコップは用意したか？」


二月二十一日。北海道取材二日前。今、平山さん考案のミッションを遂行するため、樹海に向かっている。出発前、平山さんにあらためて電話で相談すると、

「俺がワラちゃんを見つけたのは二年以上前だから、ないと思うよ」と言われてしまった。

しかし、こんなニクいアドバイスを頂戴した。

「樹海に行って、眠剤の箱とか首吊りに使ったロープを持ってきちゃえばイイんだよ！」

そのために集った参加者は僕と市川力夫のふたりだけ。今日に限って、ほかのメンバーは忙しいという……。

「僕らも暇ではないんですよね！」

ハンドルを握る力夫がプリプリしている。今回の樹海潜入は遺留品探しだから、午前中に東京を出発して、日没前には戻る予定だった。しかし、度胸が決らず、東京を出発したのが午後一時半。

「この様子だと樹海に着くのは四時過ぎになりますよ……」

樹海に近づくに従い、青空がどんどんと橙色に染まってゆく……。


時刻は午後四時十五分。

「あと十分くらいで樹海に着きますよ」

ココで最後のアドバイスをもらうために平山さんに電話だ。

「樹海の地面は雪だらけだから。木の上の方を見て、ロープが下がってる所は遺体があった可能性が高いから。その下の地面をよ～く探すんだぞ！」

さらに平山さんは僕らに樹海で遺留品を見つける必殺技を伝授してくれた。それは、

「今日は『殴り込み』の取材だと思わないこと。〝俺は死にきたんだ〟って思うんだよ！自殺者の気持ちになってさ、〝俺は、この木で首吊りたいなぁ～〟なんて木があれば遺留品があるから！」

ちょっと待ってくださいよ！

「あと雪の下に埋まっている遺留品を探すためのトングとスコップは用意したか？　そうか、よ～しよし！　おりこうさんだね～。そんでトングで雪の中をグッと刺して軟らかい感触がして！　トングの先に髪の毛が絡んでいたらイイよね～⁉　とにかく君たちのトングの先にちょっと変な臭いのする肉とか、つくことを祈ってるよ！　じゃ、死んでらっしゃい！」

電話するんじゃなかった……と心から思えるトークを聞いているうちに時刻は四時四十五分になってしまった。

今から樹海に潜入する。僕らは命綱として用意したビニール紐をスタート地点となる木に結びつけた。帰りは、この紐をたどってくればいい。

「うわ、歩きにくいな……」

樹海の地面は溶岩流に覆い隠されている。そのために地中に根を張ることのできない木の根たちが地面から飛び出し、激しい起伏を生み出している。それだけでも歩くのがハードなのに、冬の樹海はいたるところに雪が積もっている。しかも、陽のあたらない樹海の中の積もった雪は、凍っていて滑りやすい。とてもじゃないが、こんな場所で「死にたい」

なんて思えない。

「ああっ！　何か写っている!!」


樹海に潜入してから一時間が経過していた。僕らは懸命に遺留品を捜索した。しかし、樹海の奥深くに進むほど地面には雪がびっしりと降り積もり、何も見えない。手ブラで帰りたくない。その焦りが僕らをどんどんと樹海の奥深くに誘い込んでいく……。

「もう陽が落ちてきてますよ……」

木々の間から見える空が鉛色になっている。あと十分もすれば漆黒の闇に包まれるだろう。しかも日中の取材のつもりだったので懐中電灯を持っていない……。「死にたい人の気持ち」をお試しする以前に、「樹海で遭難死」というバッド・エンディングに突き進んでいるのでは……ならば、もう帰ったほうがいい。そう力夫に言おうとしたとき。

「えっ、え!?　……なんだ、あれ？」

力夫が立ち止まり、目を凝らしている。

「あれ何すか!?　何か転がってますよ！」

しかし、力夫の教えてくれる方向には、苔むした地面とところどころに残る雪が見えるだけ。

「十五メートルくらい先に銀のバッグみたいな物がありますよ！」

それって、つまり……？

「遺留品ですよ！　どうします!?」

時刻は六時十分。僕らはバッグ目指して歩き出した。足場が悪いうえに地面の高低差が激しい樹海の中で、十五メートル先でもたどり着くのは容易ではない。

「歩いているうちにドンドン暗くなってきた……」

バッグまであと十メートル。

「もう暗くて、ココからはバッグが見えないですよ！」

それどころか、二メートル先もまともに見えない。

「この場所なのに真っ暗で何も見えない！」

暗闇の中で、力夫はバッグを目撃した方向に向けてデジカメで撮影しだした。しかし、

「あれ？　バッグがない……あるはずなのに！」

今度はデジカメを思いつく限りの方向に向けて撮影している。

「おかしい……何もないなんて！」

ミッションは失敗だ……樹海に来るんじゃなかったよ！

「あっ！　何か写っている!!」

力夫が大声を上げながらあとずさりしている。な、何⁉

「……釘三本刺さっている!」


「ギンティさん! そこ! その木!」

一メートル先にある木の根元を指差している。見ると、木の根元に十字架のような物体が……違う! 十字架じゃない。人の形をしている。

ワラ人形だ……。

木の根元にワラ人形が打ちつけてある。その瞬間、見てはいけない物が視界に入り込んでしまった気分に襲われた。

「ワ、ワラ人形だあああああっ!」

ドス黒い闇に支配された樹海の中で、大の男ふたりで泣きそうな声を張り上げてしまった。僕らがこんなに苦労してたどり着いた場所にひとりで訪れて呪いをかけている人間がいるなんて……。人形は体の節々に針金がぐるぐると巻かれて、ワラを束ねている。

「……釘が三本刺さっている!」

ワラ人形の胸に釘を三本も刺すほどの恨みって、いったい……。

「それに、木の根元に打ちつけてあるのが気持ち悪いですよね……。見つからない場所に打ちつけたわけでしょ」

その人形を力夫は発見した。バッグを探しに来たはずなのに。でも、バッグはなかった。

ワラ人形に誘われたとしか思えない。

「このワラ人形、本当に持って帰るんですか。なんか湿っていますよ！」

正直、持って帰るのは嫌だ。でも、お持ち帰りしないといけないんだ。

「じゃあ、早く抜きましょうよ！　どうやって抜くんですか⁉」

試しにトングでつまんでみた。そのままトングを握る手に力を込めた。

ずずるっ……

ワラ人形が木から抜けた。あまりにも呆気なく。例えるならば、スイカを持ち上げようと力を入れたら、風船程度の重さしかなかったような……。

何者かが釘三本分の恨みを込めたワラ人形を木から抜いてしまった……。

こんこん……こんこん……釘をさす
ワラの人形　釘をさす　自分の胸が　痛くなる
山崎ハコ「呪い」より

ワラ人形は「わらびん」と命名された……

午後七時四十五分、ワラ人形は、僕らが乗る車の後部座席でカサカサと揺れている。

「ハァ……事故りたくない！　事故りたくない！」

運転する力夫がうわ言のように繰り返している。しかし、言葉とは裏腹に車はどんどん加速していく……マズい！　次の休憩所に停まろう。そして平山さんに電話しよう。

もしもし、平山さんですか。さっき樹海から出まして。それで……。

「ホントかい！」

って、まだ何も報告してないよ！　ワラ人形をお持ち帰りしたことを報告すると、

「良かったじゃない！　おりこうさんだね～！　それは俺が見たヤツじゃねえな。新作！新作！」

独特すぎる感想を織り交ぜながら喜んでくれた。

「でさ、そいつは殴り込みの新隊員〝わらびん〟として北海道に連れてけよ」

……。平山さんの独特すぎるネーミングセンスによって、ワラ人形はわらびんというこれ以上ないくらい、元の所有者の気持ちを踏みにじった名前をつけられた。

僕らはわらびんとともに北海道心霊スポット・ツアーに旅立った。

「ワラ人形と旅するなんて、絶対に良くないことが起きるよ……」

メンバーたちの予感は的中した。取材三日目、僕が横転し肋骨を骨折。その二日後、力夫が積もった雪から転落して肋骨を骨折……この事態に殴り込みＧメンはドン引きした。

「肋骨を折ったのってわらびんをお持ち帰りしたふたりだけだよな……。しかも釘の刺さった胸を怪我するなんて」

嫌なことはさらに起きた。北海道取材終了後、僕と力夫はＢ型インフルエンザに感染。激しい咳が、ひび割れた肋骨を苦しめた結果、僕と力夫はしばらくの間、何もできない身体になってしまった。

連鎖する「わらびんの呪い」

体調が回復すると、僕らはワラ人形の一件を小塩さんに報告した。話を聞く小塩さんが目を輝かせている。

「わらびんの呪いをＳＲシンレイノラッパーＺのラップの力で鎮魂してもらいましょう！」

春風のように爽やかな笑顔でこう言った。平山さんとはタイプの違う俺ジナルな感性のオーナーである小塩さんのアイデアで急遽、〝ラッパーＶＳワラ人形〟というヒップホップ史上、前代未聞にもほどがありすぎるバトルが組まれることになった。

「ふざけるな！　そんなことで呼び出したのかよ！」

呼び出されたペッティングボーイの顔は真っ赤になっていた。そりゃ、そうですよね……と心底思うが、SRZのクルーたちに何度も頭を下げた結果、ミッションに参加してもらうことになった。

ミッションを行なう場所は当時、小塩さんが編集長を務めていた『怖い噂』を出版していたミリオン出版の地下室。そこは日ごろから編集者たちの間で、老婆の霊が棲むと噂される出版業界では悪名高い心霊スポットだった。小塩さんも老婆の呻き声を聞いたことがあるという。

そんな地下室の天井からわらびんを吊るす。そこに白装束に頭に蠟燭を二本装着した完璧な丑の刻参りスタイルで武装した僕らがひとりずつ潜入して、わらびんの前で、編集部が用意したおニューのワラ人形の胸に釘を打ちつける。ミッションの締めにSRZの皆さんにわらびんとフリースタイルバトルをしてもらう……という、今思い出しても頭がアレな人が考えたとしか思えない実にポップかつ罰当たりな行為を実行した。取材後、地下室に設置した定点カメラの映像を確認すると。

誰もいない地下室でわらびんが揺れていた。

地下室内は無風状態なのに。このミッション、やるべきではなかったのでは……。

一週間後――小塩さんから連絡が来た。『呪い方、教えます』の著者で呪術に詳しい作家・宮島鏡さんに、アドバイスを求めたという。

「宮島さんが言うには、霊力効果発動中のワラ人形を持ちかえるのは、とんでもないことなんですって。だから骨折したのも当然で、ワラ人形を持ち帰ったことで、呪詛の霊力効果がギンティさんたちに向かった、と言うんですよ……もしもし、聞いてます⁉」

……。そこから悪いことが立て続けに起こった。ミッションの数日後、『怖い噂』編集者でSRZの女子マネージャーだった田端さんが、自宅で転倒し、肋骨を骨接した。ミッションに使ったおニューのワラ人形を手配したのは田端さんだった。

翌年の二〇一三年には、僕がヨボヨボになるまで続けようと思っていた「怪談　新耳袋殴り込み」シリーズが消滅した。

その翌年には小塩さんが編集長を務めていた『怖い噂』がなくなった。

嫌なことはSRシンレイノッパーZにも起きた。ワラ人形と戦ったあとの彼らは『怪談　新耳袋殴り込み！　劇場版〈東海道編〉』（二〇一二年）に僕や小塩さんとともに出演。一九八九年に工事した際、百体以上の人骨が発掘され、二〇二三年五月に来日したギレルモ・デル・トロ監督が肝試しをしたことでも話題になった、新宿の戸山公園で深夜、フリースタイルこっくりさんを行ない、その雄姿をスクリーンにアピールした。

だが、その後、ダースレイダーの容態が悪化し、二〇一六年に余命五年と宣告されてしまった。このころ、僕は小塩さんの担当編集で消滅屋敷取材を収録した書籍を出す予定だった。しかし、ダースが危険な状態なときに、さすがの僕らもそんな本を出すわけにはいかないだろう、という理由で僕らは出版を中止した。

幸いなことにダースは不撓不屈の精神を発揮したのか、生来持つ図太さがイイ感じに作用したのか、今も精力的に活動している。カレーライスが大好きなダースは、福岡で行列ができるカレー屋ダメヤさんと共同監修したレトルトーまで販売した。二〇二三年には時事芸人のプチ鹿島さんと共同監督・出演したドキュメンタリー映画『劇場版 センキョナンデス』が公開され、大ヒットした。僕よりも若いんだから、亡くなるのは僕よりもあとにしてほしい。

DJオショウは二〇一三年、「DJ世界大会バーンワールドDJコンテストジャパン」のファイナリストとなった。二〇一七年にはヒップホップグループ「餓鬼レンジャー」に加入。今夜もどこかの街で景気のいいDJプレイをしているはずだ。

ペッティングボーイの本名は公表できないが、要塞マンション取材のときに僕を罵倒していたという女性とめでたく結婚した。そして、本業で成功を収めている。実はこの人がペッティングボーイです、と公表したらぶっ飛ばされるぐらい成功しているので、そのまま上手くいきますように、と願っている。

これだけ大変な目に遭わせてくれたわらびんだが、「樹海にあるワラ人形をむしってこい」と言った張本人の平山さんからは、二〇一三年に力夫が監督することになった「怪談新耳袋殴り込み」シリーズ最新作で、どんな罰当たりなことをしたらいいですか？　と聞きに行ったとき、バキバキの笑顔でこんなことを言われた。

「お前ェ、今もワラ人形ちゃんと持ってるか？　そうか、そうか！　おりこうさんだね！　じゃあよ、ワラ人形のなかに茹でた大豆と納豆菌を入れるんだよ。そんで、できあがった美味しい納豆をよ、仏様に供えてあるご飯にかけて廃墟のなかで喰ってこいよ！　元気出るぜえ！」

出ねえよ！　間違いなく身体壊すよ！　本当にやってたら、祟られて仏さんになってたよ！

樹海の奥深くで発見されたワラ人形。
一体、どんな人物がどんな理由でこのワラ人形を打ち付けたのだろうか……

ワラ人形を見事発見したギンティ小林。
しかし、のちにさまざまな災厄に見舞われるハメに……

Chap. 10
凶悪犯罪研究家、参上

「自分たちで心霊ドキュメンタリーを作りませんか?」

二〇一五年八月三日、時刻は午前二時過ぎ……僕は真夜中の断崖絶壁にいる。

「今からココでどんな挑発をしましょうかね……」

力夫が考え込んでいる。そう、僕らは今夜も心霊スポットにいる。『怪談 新耳袋殴り込み』の殴り込みGメンは二〇一三年に消滅した。しかし、僕らの心霊スポット突入人生は終わっていない。


「自分たちで心霊ドキュメンタリーを作りませんか?」

力夫の発案で新たな作品を自主制作することになった。タイトルは『スーサイドララバイ きめてやる今夜』。監督は二〇一三年に『怪談 新耳袋殴り込み! 劇場版 魔界編後編』など四作を作った実績のある力夫が務めることになった。

『スーサイドララバイ』のデビュー戦は二〇一五年、大阪・新世界にある「首吊り廃墟」と呼ばれる心霊スポットで飾った。歓楽街にある、その廃墟を発見したのは僕の友人のデザイナー田中秀幸君と関西のバンド赤犬のメンバーであるロビン君だった。彼らが廃墟を訪れたとき、天井からぶら下がる死体を発見した。僕と力夫監督は、首吊り廃墟で心霊現象を撮影するため、首吊り死体を再現した等身大の人形を自作した。髪の毛は毛糸、ボディはダンボール、顔は力夫監督の「人形には個性を出さないほうがいい」というアイデアで、目や鼻の部分の凹凸があるのみのぶっきらぼうな仕上がりにした。人形を見た田中君は、

「うあ、これや！　僕が廃墟で見た死体のまんまですよ！」

とドン引きしていた。その人形とともに僕らは首吊り廃墟に潜入した。このときのエピソードは二〇一五年七月に角川ホラー文庫から発売された『新耳袋殴り込み　最恐伝説』に執筆した。


『新耳袋殴り込み　最恐伝説』が発売されたころ、アイドルやサブカルチャーを紹介する雑誌『ＢＵＢＫＡ』編集部から連絡が入った。

「新刊の宣伝を兼ねて、うちの雑誌で心霊スポットを取材してもらえませんか？」

担当編集者の富山さんからの電話で詳しい話を聞くと、その取材で『スーサイドラバイ』の撮影をしてもいい、という。非常にありがたい提案だった。

「せっかくだから、今まで取材していない場所に行きたいですよね」

『ＢＵＢＫＡ』の企画案を聞いた力夫も乗り気になっていた。僕らは富山さんとの対面打ち合わせまでに、取材候補地を探すことにした。


七月下旬、新宿の喫茶店で編集者の富山さん、力夫と打ち合わせをすることになった。

初めて会った富山さんは二十四歳で、二十代のころの浮つきまくっていた僕とは違い、落ち着いているがシャレも通じるナイスガイだった。

「千葉県の〝おせんころがし〟がいいと思うんですよ」

力夫が提案してきた。千葉県にある、海に面した断崖絶壁の通称だという。

「豪族がいたころ、お仙さんという若い女性が転落死した崖なんですよ。それ以来、おせんころがしと呼ばれていて、崖には彼女の供養塔が建っているんです」

大昔に女性が亡くなった場所か……。もっとスパイスの効いた心霊スポットにしたほうがいいんじゃないかな。

「おせんころがしの曰くは、それだけじゃないんです。かなりハードな崖なんで自殺の名所でもあるんです。それに一九五一年に母子三人が殺された場所なんです」

その事件は「おせんころがし殺人事件」と呼ばれている。犯人の栗田源蔵が、母子三人を崖から突き落として殺害。母親は崖の上で犯されたあとに殺されているという……。

「陰惨な事件ですね……」

スマホで事件の情報を検索していた富山さんが絶句している。

「今回取材する心霊スポットを探しているときにこの事件を知ったんですけど、こんな鬼畜のような犯罪者のことを何で今まで知らなかったんだろう？」

力夫が言うように二〇二〇年を過ぎたころからネットに、栗田源蔵の犯罪をまとめた記事が載るようになったが、当時は知る人ぞ知る凶悪事件だった。取材に行くなら、『スーサイドララバイ』的には心霊スポット潜入だけでなく、栗田源蔵の犯罪にもスポットを当てなければならないだろう。

「だから、栗田による殺人事件について詳しく知りたいですよね。あの人に協力してもらいませんか？」

殺人事件で頭の中がパンパンな「Y村さん」

あの人とは——Y村さん（仮名）。僕らが絶大な信頼を寄せている殺人事件、並びに死刑囚の研究家である。アマチュアではあるが、暇さえあれば裁判の傍聴か殺人現場巡り、もしくは国会図書館で殺人事件の新聞記事や資料を漁っている。そんな彼の頭の中には日本の死刑囚と殺人事件に関するすべてのデータがインプットされている、といっても過言ではない。それだけの知識を網羅した彼のリサーチ・スキルは、並みの事件系ライターを凌駕するものがある。僕らがY村さんと知り合いになったのは二〇一〇年ごろ、殺人事件現場でもある某心霊スポットについてネットで調べていたとき、Y村さんの書き込みを見つけ、協力をお願いした。それ以来、殺人事件関係のことは彼に相談している。

実は、本書に掲載した消滅屋敷の原稿を書く際にもY村さんにリサーチをお願いした。

消滅屋敷に住んでいた長男が日本刀で人を殺めた事件の特定を依頼したのだ。彼は、該当する時期に起きた殺人事件を片っ端に調べた。それだけではなく僕が、この事件なのでは、と疑った通り魔殺人の判決文も入手してくれた。その結果、「この時期に日本刀を使った殺人事件はない」ということが判明した。

そうなると、日本刀が凶器ではない殺人事件のなかに長男が起こしたものがあるのでは？　とY村さんは調べてくれたが、消滅屋敷の所有者だったT川という苗字の犯人による殺人事件は見つからなかった。Y村さんは、

「犯人の名前は精神疾患などの理由で、匿名となっている可能性もあります」

と教えてくれた。殺人事件を特定することができなかったが、Y村さんは、事件に関する情報が乏しかったにもかかわらず、T川家があった当時と現在の二種類の付近の地図を入手しただけでなく、T川家の先代の名前、消滅屋敷の電話番号まで突き止めた。

ただ、Y村さんは非常に個性的というか、かなりエキセントリックな人物だ。出会ったころの彼は、ある連続殺人事件の詳細を知りたすぎるあまり、なんとかして死刑囚となった犯人の養子になれないか、と真剣に考えていた。それぐらい殺人事件のことで頭の中がパンパンなのだ。

それにY村さんは人づきあいが、あまり好きではない。本人は「友達はいない」という。しかし、僕らと会うときの彼は、いつも最近気になっている殺人事件や死刑囚の話を一気

呵成に話し続ける。Y村さんの殺人トークを浴び続ける僕と力夫はいつも、

「さかなクンが大好きな魚類のことを話すときのように、殺人事件のことを話しますね」

と感心している。そのたびに彼は、

「おふたりだから、こうやって話せるんです。僕は人と上手くコミュニケーションがとれないから……」

と謙遜するが、そもそもY村さんは上手くコミュニケーションができない、のではなく、コミュニケーションが独特すぎるのだ。というのも、僕らは彼のことをY村さんと呼んでいるが、それは偽名で、本名を教えてもらっていない。年齢も僕の十歳下ぐらい、としかわかっていない。彼が普段、どこに住んで、どんな生活をしているのかまったく知らない……。Y村さんも殺人事件と死刑囚のことで頭がパンパンなので、僕らのことは「心霊スポットを取材しては、ふざけたことしている」程度にしか認識していない。当然、僕が書いた心霊スポット取材本は読んでいないし、「怪談　新耳袋殴り込み」シリーズも観ていない。でも、そういう個性的でミステリアスなところも僕と力夫が彼を好きな理由だ。

「Y村さんとは四年ぐらい会ってないからな。取材に協力してくれるといいんだけど」

力夫が言うように、Y村さんとは四年前、居酒屋で飲んで以来、会わなくなっていた。

その後もY村さんから「次はいつ飲みますか？」とメールが来ていたが、僕らが忙しくて

会えない状態が続いていた。しかし、彼の協力があれば、さらにディープな取材ができる。それに、おせんころがし殺人事件の現場以外にも今回の企画にふさわしい殺人現場を知っているかもしれない。彼への協力依頼は僕が担当する、ということを決めて、その日の打ち合わせは終了した。

帰宅して、Y村さんにメールを送ると、すぐに返信が来た。

「殺人現場でしたらいろいろ知っていますが、不謹慎な行為は嫌です。そういえば、●●のアパート、行ってみました。現場は大家さんが住む一階なので、二階の賃貸部分は違いますね」

僕が小塩さんやSRシンレイノラッパーとともに『怖い噂』で潜入した、母子殺人事件のあったアパートのことが書いてある。小塩さんの同僚が事件後、その部屋で暮らしていたことから取材が実現した。記事にする際、アパートが特定されないように地名や事件のことはぼかして書いた。それでもY村さんは突き止めてしまう……。相変わらず殺人事件のことで頭の中がパンパンなのはよくわかった。

Y村さんと三日後の夕方、錦糸町で会うことになった。その後のメールで、おせんころがし殺人事件の現場を候補地に考えていることを伝えた。すると、こんな返信が来た。

「僕がおふたりに教えようと思っていた第一候補もおせんころがし殺人事件の現場ですよ！　何度か行っているのでスケジュールが合えば取材の案内できます。おせんころがしの碑が建っている場所は殺人現場ではありませんので気をつけてください」

え、そうなの！　危うく事件と無関係な場所に行くところだった……。

いよいよ明日、Y村さんと会う。午前○時を過ぎたころ、Y村さんからメールが送られてきた。メールを開いてみたら、唖然とした。

「おせんころがしの殺人現場の下見に来ました」

メールには画像も添付されていた。人里離れた暗闇の崖路だ。取材でここに行くのはキツいな……というかY村さんは、よくこんな場所に真夜中にひとりで行けるな。やっぱり変わった人だ。


「今日はたくさん資料も持って来ましたよ！」


「あ、Y村さんがいましたよ！」

錦糸町駅構内のエスカレーターの上で、満面の笑みを浮かべながら立っている。でも、なんかおかしい。僕が知っているY村さんとは違う感じがする。

「あれ……Y村さんのガタイ、すごい立派になっていますよね⁉」

力夫も同じことを思っている。四年前に会ったY村さんは、三十歳前後で身長は一六五センチぐらいの華奢な体型だった。顔は整った黒目がちの童顔だった。それなのに、エスカレーターの上にいるY村さんは一八〇センチ近い身長の逞しい身体つきになっている……。

「Y村さんって今、三十三、四歳ですよね。人間って三十代で身長伸びるんですか……？」

そんな話、聞いたことがない。エスカレーターを降りた僕らは矢継ぎ早に体格が変わった理由を聞いたが、本人も首をかしげている。

「そんなに身体が大きくなりました？　ちょっと食べすぎたのかな」

「そういうレベルの話じゃないです！　顔はそのままだけど、身体が別人なんですよ！」

そのとおりだ。キャプテン・アメリカみたいに超人計画の被験者にでもならない限り不可能なことを可能にしてしまっているんだよ！　一八〇センチ近くある力夫より頭ひとつ小さかったY村さんが、今では力夫と肩を並べて立っているんだから！　といくら聞いてもポカンとしている。

「そんなに変わったかな……。あ、今日は東京近郊の殺人現場を知りたいんですよね？」

そうでした。あなたのボディが劇的に変貌しすぎたおかげで忘れていました！

「今日はたくさん資料も持って来ましたよ！　では居酒屋に入りますか！」

「ちょっと待ってください！」

近くに見える居酒屋に向かって歩き出したY村さんを力夫が全力で制止した。

四年前、Y村さんと居酒屋で会ったとき、賑わう店内でY村さんは何枚もの殺人事件の新聞記事や資料をテーブルに出しながら、さかなクンが魚に対する愛を語るように殺人事件の残酷さを熱弁した。Y村さん的には正確に事件を伝えようとする誠実さからなのだが、明らかに周囲の客がドン引きしていて居心地が悪いことこのうえなかった。今回は、そのような事態は避けたい。

「今回はカラオケボックスがいいんじゃないかな、と思うんですよ」

「カラオケボックスか……」

力夫の提案を聞いたY村さんが渋っている。聞くと、僕らと会うまでひとりでカラオケボックスに入って熱唱していたという。殺人事件のことで頭がいっぱいな人だと思っていたが、そういう趣味もあるのか。

「あの……カラオケボックスではお酒を飲んでもいいのですか？」

もちろん！　ディープすぎる殺人事件マニアであるY村さんは日ごろ、その趣味を共有できる人がいなくて寂しい思いをしている。それだけに殺人事件の話を拝聴したうえにお酒をご馳走してくれる僕らとの再会を楽しみにしていた。

「そういうことでしたら、好きなだけ飲んでください！」

力夫に言われたY村さんの顔が明るくなった。

「それじゃ、さっきまで僕が唄っていたカラオケボックスに行きましょう！」

凶悪犯罪研究家・折原静雄

カラオケボックスに入店した僕らは、まずはY村さんに近況を報告した。力夫とふたりで心霊スポット・ドキュメンタリーを作ろうとしていること。今回は『BUBUKA』の取材だが、僕らのドキュメンタリー『スーサイドララバイ　きめてやる今夜』の撮影も兼ねていること。その監督が力夫であること。そんなわけで、ここでの打ち合わせも撮影したいと。

「顔を映さなければ大丈夫ですので」

良かった。さらに、

「昨日、車でおせんころがしまで行ったので、当日は案内できますよ！」

「よく深夜にひとりで行きましたね！」

「霧がかなり出ていて真っ暗で危ない場所でしたが、深夜にひとりで行くのは二回目だったので大丈夫でしたよ。ひとりのほうが楽ですし、おふたりに申し訳ないですけど、僕は霊を信じないので。でも、僕は取材で変なことはしませんからね！」

そこは、しっかりと念を押されたが、Y村さんの『スーサイドララバイ　きめてやる今夜』出演は決定した。しかし、出演してもらうにはY村さんの顔を隠さなければいけない。『スーサイドララバイ』の製作費は僕と力夫の自腹なので、美大生の卒業制作映画よりもはるかに少ない。そんなわけでY村さんの童顔は撮影当日、僕らが用意する帽子とサングラスで隠してもらうことになった。あとは名前だが撮影中、なんと呼べば？

「それなら、折原と呼んでください」

「へ？」

即答された力夫が呆気にとられている。

「今、ある場所では折原と名乗っているんです」

ますます意味がわからないが、新たな偽名を使っているようだ。じゃあ、下の名前は？

「静雄で」

わかりました。我々は今日からあなたのことをY村さんではなく、折原静雄さんと呼ばせていただきます！

「よろしくお願いします」

今、この瞬間に店員が入ってきたら、様子がおかしい奴らが店にいる、と動揺するだろう。当然、読者のなかにも、そう思っている方もいるだろう。でも、これが僕らとY村さん、じゃなくて折原静雄さんとの日常だ。そういえば新しい名前の由来はあるんですか？

と聞くと折原さんは急にはにかみ出した。

「……好きなアニメのキャラクターの名前を、もとにしたんです」

へえ、先生は殺人事件のことで頭がパンパンな人だと思っていたのに、そんな趣味もあったのか。ちなみにどの作品のキャラクターなんですか？

「成田良悟さんのライトノベルをアニメ化した『デュラララ!!』という作品が大好きなんです！　その作品に登場する折原臨也という情報屋が大好きで……。それと平和島静雄というキャラクターの名前をくっつけたんです」

安易なネーミングセンスだな……と思ったが、そんなことは口には出さず、僕らは素敵な名前じゃないですか！　と褒めたたえた。その後、『スーサイドララバイ』に出演する際の折原さんの肩書は凶悪事件評論家に決まった。

かくして『スーサイドララバイ』の心強い味方、凶悪犯罪研究家・折原静雄先生が誕生した。

戦慄！「おせんころがし事件」と栗田源蔵

「メールにも書きましたが、取材で行く殺人現場は、おせんころがし殺人事件が一番いいと思うんですよ！」

折原先生は僕らと殺人現場に行くことを楽しみにしてくれている。

「これもメールにも書きましたが、おせんころがしの碑が建っている場所は、事件現場ではありません！」

もともと、おせんころがしとは、勝浦市から鴨川市にかけて4キロほど続く断崖のことだという。

「勝浦市が勝手にあの碑を建ててしまったため、その場所だけがおせんころがしと認知されるようになってしまったんです！　本当の事件現場は鴨川市なんです！」

　折原先生は事件現場を特定するため、判決文に書かれた住所を、現在の地図と明治三十六年当時に作られた地図を照らし合わせて絞り込んでいった。そして十メートル圏内まで絞り込んだ。やっぱり、この人はすごい。

「今日はおふたりに資料を持って来ました」

　折原先生はテーブルに何種類もの資料のコピーを広げ出した。おせんころがし殺人事件が起きた当時の新聞記事、週刊誌の記事、事件を紹介した書籍、おせんころがし周辺の地図などのコピーがある。

「犯人の栗田源蔵は」と折原先生は、事件の詳細を情熱的に説明し始めた。お酒を飲むことを楽しみにしていたので、飲み放題コースにしたのだが、最初にオーダーした生ビールを乾杯のときに一口飲んだだけで、事件の説明に没頭している。読者には、折原先生の解説といただいた資料をもとに構成した、おせんころがし殺人事件の詳細を説明したい。

　一九五一年十月十日、午後十一時過ぎ。栗田源蔵（二十六歳）は千葉県勝浦市興津にある国鉄上総興津駅の前を自転車で通ると、駅の待合室に妊娠九ヶ月の女性（二十九歳）が長女（九歳）、長男（六歳）、次女（三歳）といるのを見つけた。待合室に入ってきた栗田に、女性は、行商に出た主人のいる勝浦に行こうとしたが終電が行ってしまった、と語った。栗田は、自分も勝浦に行く途中だから一緒に行きましょう、と長男を抱えると自転車のサドルに座らせ、さっさと歩き出した。女性は慌てて、次女をおぶり、長女の手を引くと栗田のあとをついて行った。

駅の待合室では紳士的だった栗田だが、人気のない道を歩き出すと、女性に肉体交渉を迫り出した……。女性はやんわりと断るが、それでも栗田は執拗に迫り続けた。そして、おせんころがしに差し掛かると栗田は豹変した。いきなり長男を乗せている自転車を倒すと、女性の目の前で長男と長女の頭を石で滅多打ちにして、高さ十五メートルの崖下に投げつけた。

栗田は、命だけは助けてください、と哀願する女性の背中から次女を剝ぎ取ると、そのまま女性を強姦しながら、紐で首を絞めて殺した。遺体を崖下に突き落とすと、泣いている次女の頭を石で何度も打ちつけて殺し、崖下に投げた。それで終わりではなかった。栗田は、女性と長男が崖の途中で引っかかっているのを見つけると、そこまで降りていき、ふたりの頭を石で何度も頭を殴打した……。

栗田の犯罪は、僕らの想像を超えすぎていた……。

「しかも栗田は、事件の前から何人もの女性を強姦しては殺しているんです！」

手口はすべて強姦しているときに女性の首を絞めて殺した、という……。

「栗田の自供によると、彼が九歳のとき、近所の老人から〝女と結んでいるとき、女をたいたり、締めたりすると、とても……〟と教えられたことを成人してからも憶えていて。女性の首を絞めて殺すことにエクスタシーを感じるようになったそうです」

おせんころがしの事件はどうやって発覚したのだろう？

「事件のとき、崖から落とされた九歳の長女は奇跡的に助かったんです。事件の翌朝、付近にある寺の住職が崖下を歩いていたら、泣いている長女を発見するんです」

彼女の証言から事件は発覚した。

しかし――おせんころがしで母子三人を殺したあと、栗田は秋田県の知人宅に逃げた。そのとき、知人から「十月十日に秋田県の洋品店に盗みに入った帰り、刑事の妻に顔を見られたかもしれない」と打ち明けられた栗田は、

「この俺が身代わりになってやる。盗んだ物は俺から買ったことにして、警察に届ければいいじゃねえか」

とアリバイ工作をした。そのアドバイスに知人が従ってしまったことによって、栗田は洋品店の窃盗事件の犯人として指名手配された。このことが、おせんころがし殺人事件の犯人逮捕を遅らせることになってしまう。栗田は犯行を重ねた。

「栗田が捕まったのは、おせんころがしの次にやった強盗殺人事件なんです。一九五二年

一月十三日、栗田は千葉県で女性ふたり暮らしの家に押し入り、六十三歳の女性を包丁で刺殺。二十四歳の女性を絞め殺したあと、死姦しているんです！」

現場に残された指紋から栗田の犯行であることが発覚した。逮捕された栗田は死刑判決を受けた。しかし、このときもまだ、おせんころがし殺人事件は未解決であった。

「おせんころがしの事件が解決したのは、栗田の自供によってです」

折原先生からもらった資料のなかに獄中の栗田は刑事にこう言った、と書いてある。

「どうせ俺は〝ばたんこ〟だ。罪滅ぼしに全部喋ってやろう」

ばたんこ？

「絞首刑のことです。自供した栗田には罪滅ぼしもあるんでしょうけど。それよりも、ほかにもいっぱい殺した、と言ったほうが裁判や捜査を長引かせるから、という思惑があったんじゃないかな」

栗田はおせんころがしでの母子三人殺し、一九五一年八月に、栃木県で天理教会の女性布教師の自宅に忍び込み彼女を強姦し、タオルで首を絞めて殺したことなどを自供した。

「栗田の自供では十四人以上も殺しているようなんですが、裁判で認定されたのは七人なんです。それなのに間違って八人と伝えている記事があるんですよ！」

折原先生がさらに興奮気味に語り出した。しかし、おせんころがしでの母子三人殺しや栃木県での天理教女性布教師殺しが立件され、栗田は二度目の死刑判決を受けた。一審で二度の死刑判決を受けたのは栗田が初めてである。

「当時、死刑廃止論が高まっていたのに、栗田が出てきたから、こんな人間のために死刑は残さなければいけない、となっちゃったんです。国会の議事録にも、この事件は残っているんですよ」

一九五六年、第二十四回国会法務委員会公聴会で死刑制度の是非を議論した際に、死刑制度が必要な実例として栗田の名前が出たのだ。


逮捕された栗田は獄中で、どんな生活を送っていたのだろう。

「獄中の栗田の様子がわかる本があるんです。一九五四年に起きたカービン銃ギャング事件の犯人大津健一がK・O名義で書いた『さらばわが友―実録・大物死刑囚たち』の続刊『続・さらばわが友：実録・死刑囚たちの性』です」

『さらば、わが友 実録大物死刑囚たち』といえば、実在した脱獄囚の逸話をベースに映画化した心の名作『脱獄広島殺人囚』（一九七四年）を撮った中島貞夫監督によって一九八〇年に映画化されている。

「石田純一がバー・メッカ殺人事件の正田昭を演じていますよね！ その事件現場にも行きましたよ！ 本に書かれている獄中の栗田の様子が酷いんですよ……。ちょっと読んでみてください」

折原先生にコピーを渡されて読んでみた。

「なんだ、この栗田の言いぐさは……」

力夫が唖然としているのも納得できる。カービン銃ギャング事件の犯人・大津健一が獄中で見た栗田源蔵の言動には、反省の色が一ミリも見られなかった。二度も死刑判決を受けたことに関しては、

「裁判官の野郎ども！　一つしかない俺の命を半分ずつ奪い合っていやがる！」

と悪態をついていた、と書いてある。ほかにも、彼は囚人たちに、自分の犯罪を猥談としてしょっちゅう聞かせていた。「俺は人の三倍精力がある」と豪語していた栗田は、女性の首を絞めて殺すことを、このように語っている。

「よかったネェー……第一、女がいい女ときているだろう。そいつが苦しくてもがきながら顔をしかめているのが、そりゃまたなんともいえず、いいんだナァー」

「よかった、よかった。すごくよかったゾ。これが病みつきになって、それからバタバタと女を絞めてまわったんダ」

一九五二年に犯した死姦のことは、こう語っている。

「まだ温かい死体の女とやるのも、ちょっとオツな味で、俺は朝までその家にいたあいだ三発やった」

……一ミリも共感できない。本には、残虐極まりない犯行を武勇伝のように語る栗田を

見て、ほかの死刑囚たちは呆れかえっていた、と書いてある。

一九五九年十月十四日、栗田源蔵の死刑が執行された。享年三十三。栗田は幼少のころから夜尿症で苦しんでおり、それは最期まで治らなかったという。

アニメキャラに恋焦がれる凶悪犯罪研究家

おせんころがしの事件自体はハードなのだが不安はある。事件現場が、心霊スポット取材的に微妙な取れ高だった場合、同じ千葉県内にあるほかの現場に行きたい。

「それなら殺人事件があったホテル廃墟の●●がいいかな！　ほかにもありますよ！」

折原先生は分厚いA4サイズの紙の束を出した。先生が作成した東京都内、近郊の殺人現場の住所リストだという。そこからリストに載せた殺人事件について一気に話し出した。

「こういうリストもあります！」

新たな紙の束を差し出した。

「『デュラララ‼』は池袋が舞台の作品なので、池袋で実際に起きた殺人事件現場のリストを作ったんです！」

『デュラララ‼』に対する、ほかのファンたちとはひと味もふた味も違いすぎる愛情の結晶を見せてくれた。折原先生は、生ビールのグラスが空になっていることにも気づかないぐらい、殺人事件の話に熱を入れていた。

「折原先生、お代わりを頼みましょうよ。何にします?」

「フレンチポップ!」

話している内容とオーダーしたドリンクのネーミングのギャップがすごすぎる。

そういえば今日の折原先生は、僕らと会う前にもひとりでカラオケボックスにいた、と言っていた。どんな歌を唄っていたんだろう。

「最近は『デュラララ!!』のキャラクター・ソングばかり聴いていて。キャラクターたちが古い歌を唄うんですよ。平和島静雄というチンピラの兄ちゃんみたいなのが『津軽海峡・冬景色』を唄っているのがすごく良くて! さっきもカラオケで『デュラララ!!』のキャラクター・ソングばかり唄っていました!」

そのまま『デュラララ!!』の魅力を熱く語り出した。

「今は『デュラララ!!』と事件のことしか考えてません! 僕はテレビを観ないので。ラジオもまったく聴かないので。ミクシィはやっているんですけど」

「ミクシィ!?」

力夫が驚くのも当然だ。僕らの周りに二〇二五年当時、ミクシィを続けている人は誰もいなかった。折原先生はTwitterはやっておらず、活動のメインはミクシィ。『デュラララ‼』もマイミクの書き込みで知った。それ以来、折原臨也ひとすじの日々が続いている。

「だから恋もしてないです。二次元の折原臨也くん以外は！」

「え⁉」

力夫が口を開けている。

「折原臨也さんには恋心が入っていたんですか？」

「入ってます！」

即答だった。僕らは、折原先生がそこまで好きだという、折原臨也さんをスマホで検索しようとすると、「これですよ！」と折原先生はリュックを取り出した。二種類のアニメのキャラクターのキーホルダーがついている。

「このキーホルダーが折原臨也さん！　こっちは平和島静雄さん！」

折原臨也さんはフードのついた黒いジャケットだけでなく、全身黒い服で固めた細身のハンサムだ。平和島静雄さんは金髪にサングラス、バーテンの服装をした、こちらもハンサムだ。どちらも人気がありそうなルックスのキャラクターであることがよくわかった。でも、殺人事件のことで頭の中がパンパンだった折原先生がここまで好きになるなんて正直、驚いた。

「そうですね。折原臨也くんに恋してますよ。すごく！」

真顔だ。折原先生って、進んだ人だったんだな。それに、やっぱり先が読めない人だ。

「憧れですね。折原臨也は……」

その後も折原臨也さんのことを語り続ける折原先生は、多幸感に満ちあふれている。できることなら「自分が折原臨也さんにもなりたい」と言う。

「折原臨也さんが好きな気持ちはわかりましたが、何歳なんですか？」

「二十三歳です」

折原先生よりも年下なんですね。

「そうなんですよ！　自分としては二十代前半で歳が止まっているんで！」

折原先生の心は、ずっとフォーエバーヤングだったんですね。

「大学を卒業してから人と関わらずに生きてきたんで、止まっちゃってるんです」

「でも、見た目も若いですよ」

たしかに。もともと童顔な折原先生は、ガタイが画期的に良くなったことで健康的な見た目になった。

「でも、痩せていたころの身長と体重が折原臨也と一緒だったので、そこに戻したいな！　折原臨也さんは一七五センチ、五十八キロなんです！」

一七五センチ？　今の先生はどう見ても一八〇センチはある。僕らが知らぬ間に謎の進化を続けていた折原先生の体型は折原臨也さんと同じときがあったのか……。それだけに先生は理想から遠ざかった今の体型が不満のようだ。その後も折原先生は、折原臨也さんに対する想い、気になる殺人事件、というふうにときめきと物騒な話を交互に話していたが突然、こんなことを言いした。

「僕の名前ですが、やっぱり折原じゃなくて、平和島臨也じゃ、ダメですか？」

いきなり何を言い出すんだ。でも、イイんじゃないですか。すでに撮影はスタートしているが、撮影中に名前が変わる凶悪犯罪研究家というのも乙だし。では、今から僕たちはあなたのことを凶悪犯罪研究家の平和島臨也先生と呼ばせていただきます！

「いや、やっぱり折原静雄にします！　平和島だと珍しすぎるから、平凡そうな折原で手を打って……平和島という苗字は存在しないですし。そもそも人口島の平和島自体が戦後にできたので」

こういう話の中にも、ちょっとタメになる雑学を盛り込んでくれる。

「そんなに折原臨也さんに憧れているなら、いっそ折原臨也先生になさいます？」

「いやいや！　折原臨也と名乗るとファンの方に怒られるかもしれないので、名字だけにしておきます！」

控え目なのか図々しいのかよくわからない折原先生だった。

これで取材前に聞いておくべきことは聞けたはずだ。ということで、カラオケボックスでの残りの時間は折原先生による熱唱タイムになった。気になる先生の選曲だが、平和島静雄さんが唄っているという「津軽海峡・冬景色」から始まり、「ルビーの指環」、「金太の大冒険」、「宇宙戦艦ヤマト」、「ウルトラマンレオ」、「ツッパリHigh School Rock'n Roll（登校編）」、そしてシャ乱Qの「大阪エレジー」で締める、という折原先生らしい次の曲が予想できないものだった。これで打ち合わせは終わった、と思ったら、折原先生は、

「そういえば、あの殺人事件はですね！」

と殺人事件トークを再開しようとした。先生、もうカラオケボックスの終了時間が来てますから！

「えぇ……今日はお酒を全然飲んでいないですよ！」

それは先生が夢中になって殺人事件と折原臨也さんに対する想いを語っていたからだと思うんですが……。

「せっかく、僕の話を聞いてくれるふたりと会えたのに……！」

そう言われると僕らも辛い。結局、錦糸町駅近くの居酒屋で二時間ほど飲んだ。そこでも折原先生の殺人事件と折原臨也さんに対する愛はさらにスパークした。隣のテーブルにいた男女が土色の顔でサワーを飲んでいて、ちょっぴり申し訳ない気分になった。

深夜、帰宅すると折原先生からメールが届いていた。

「今日は有意義なお話ができて良かったです。当日ですが、肩書きは〝情報屋〟、名前は〝折

原静雄〟でいかがでしょう？　あと、衣装ですが……法服（裁判官の服）って用意するのは難しいでしょうか……。栗田を断罪する感じで判決文を読みたいんです」

すげぇ。一気に酔いが醒めた。折原先生は、いちいち僕らの予想をフライングしてくる。真夜中の殺人現場で、裁判官のローブ姿の折原先生が栗田源蔵の判決文を読み上げる……想像しただけでシビれてくる。僕は「了解しました！　法服を探してみます」と返信した。

すぐにメールが返ってきたが、そこには凄まじいことが書いてあった。

「栗田源蔵は獄中で手記を書いています。取材当日までに入手しますので」

まじかよ……。その後、取材前日まで裁判官の法服を探したが見つけることができなかった。イギリスの裁判官が着るローブなら、ハロウィンなどで着るコスプレ衣装で売っていたので、それでもいいですか？　と折原先生に電話で聞くと、「やめておきます」と断られてしまった。

しかし、殺人現場の断崖で絶対に判決文は読むという。それだけでも強烈な取材になりそうだ。

Chap. 11

最暗黒の事件現場

「千葉県市原市といえば市原両親殺しですね！」

八月三日、午後三時。今からおせんころがしに向かう。昨晩遅く雨が降ったが本日は快晴となった。まずは錦糸町駅近くにあるレンタカー屋で車を借りなければいけない。真夏の陽光にじりじり身体をあぶられながらレンタカー屋を目指して歩いていると、信号を待っている『ＢＵＢＫＡ』編集部の富山さんがいた。

「今日はよろしくお願いします！　殺人事件に詳しい方が同行されるんですよね」

そうなんです。折原静雄先生という頼もしい方が来てくださるんですよ。

「あれ？　新宿の喫茶店で打ち合わせをしたときは、Ｙ村さんという方を呼ぼう、と言ってましたよね？　別の方が来るんですね？」

いいえ、同一人物です。

「ど、どういうことですか？　当たり前のように言ってますけど……」

そうだった。折原先生の言動を素手で受け止めすぎたことで、僕の常識も少し壊れちゃったのかもしれない。レンタカー屋までの道中、冷静かつ急いでＹ村から折原静雄先生に名前が変わった経緯を説明した。折原先生は殺人事件のことなら何でも知っていることも。

レンタカー屋に到着すると、監督の力夫と折原先生が待っていた。

「お疲れ様です」

襟やボタン部分に白いラインが入ったポロシャツ、という石原裕次郎や横山やすしがプライベートで着ていたような昭和の男感満載の装いの折原先生が、僕らに気づくと挨拶をした。先生に初対面の富山さんを、この方は『ＢＵＢＫＡ』編集部の、と紹介しようとしたら、

「富山賢二さん」

彼のフルネームを口にした。力夫監督がすでに名前を教えたんだな、と思った。しかし、折原先生がトイレに行ったとき、力夫監督は、

「俺は折原先生に富山さんのことをまだ説明していなかったんですよ。それなのに、富山さんの名前を言い出したからびっくりしましたよ！」

僕も教えていない。それなのに富山さんのフルネームを知っている。

「何でも知っている人とは説明されましたが、僕の名前まで知ってるとは……」

富山さんの日焼けした顔は蒼ざめていた。

「東京からおせんころがしまでは、かなり遠いですよ」

錦糸町からだと車で、一時間半から二時間ぐらいかかるという。まずは明るいうちに殺人事件の現場を見ておきたい。東京都内を走る間は力夫監督が運転し、折原先生は助手席で道案内。僕と富山さんは後部座席に座ることになった。

「今通った場所は一九九八年、中学生の男子がバタフライナイフで警官を襲って、拳銃を奪おうとした事件があったんです！」

折原先生は、車中から事件現場を発見すると、僕らに説明してくれた。

「あそこに高校が見えますよね？　一九五八年に定時制高校に通う少年が十六歳の女子学生を殺害した、小松川高校女子学生殺人事件があった場所です！　あの高校の屋上で女子学生の遺体が発見されたんです！　この事件をモデルに大島渚は『絞死刑』（一九六八年）という映画を撮っています！」

その後も車が殺人現場の近くを通るたびに、バスガイドのように事件の説明をしてくれる。それは千葉県に入ってからも変わらなかった。力夫監督に代わってハンドルを握る折原先生は、市原市で高速を降りると、

「千葉県市原市といえば市原両親殺しですね！　中上健次の小説『蛇淫』や、その小説を映画化した長谷川和彦監督の『青春の殺人者』（一九七六年）のもとになった。あの事件の判決文の中には、すごく文学的というか宗教的な表現があるんですよ！　僕の携帯に判決文のデータが入っているので、良かったらあとでお見せしますよ！」

「けっこうです……」

折原先生と初対面の富山さんは、殺人事件の話を連呼され続けてぐったりしている。そ

れでも殺人ガイドは止まらない。道中で折原先生が教えてくれた事件の情報をすべて文字にしたら、この本が埋まってしまうぐらいのガイドぶりを発揮してくれている。

「皆さん、お食事はもう済みましたか？　途中に案内したい店があるんです！」

と折原先生が言い出した。美味しい店を知っているのかな？　と思いきや、

「殺人事件があったファミレスが現在も営業中なんです！」

先生なりに僕たちをもてなそうとしてくれている。しかし、

「お気持ちはありがたいんですが、大丈夫です……」

どう見ても食事が喉に通りそうもない顔つきの富山さんが力なく答えていた。

「それにしても折原先生は本当にすごいですね！　出発してからずっとバスガイドのように殺人事件を教えてくれて。作品的にはありがたいです！　この先もお願いしますよ！」

『スーサイドララバイ』の監督である力夫から、そう言われた折原先生も嬉しそうだ。

「殺人事件の現場を通ると説明しちゃうのは、意識してなくてもやってしまうんです！」

それは言いすぎでしょ？

「そんなことないですよ！　何年か前、お酒を飲みすぎて意識をなくして、車で送ってもらったことがあるんです。そのとき、僕は後部座席で横になっていたんですけど、看板で地名とか見えるたびに、ここではこういう事件がありました！　と言ってたらしいんです

よ。記憶がないんですけど」

この人、やっぱり本物だ……。


「もうすぐ殺人事件の現場に着きますよ」


目的地まであと一時間というところで、コンビニで休憩することになった。駐車場に車を停めると富山さんは一目散に店の中に入っていった。折原先生も入店し、僕も入ろうとした、そのとき、

「ギンティさん、ちょっといいですか？」

力夫監督がムッとしている。

「ギンティさん、折原先生に対してときどきタメ語になりますよね？　もっと先生として接してください」

言われてみればたしかに……。年齢もおそらく十歳上の僕は、彼のことを先生と呼びながらもちょいちょいタメ語で話してしまっていた……面目なかったです！　ここからは気を引き締めていきたいと思います！

「そういえば折原先生の顔を、まだ隠していませんでしたね。この休憩で変装してもらいましょうか？」

そのための変装アイテムである帽子とサングラスは用意してある。帽子は、映画『エイリアン』（一九七九年）に登場する宇宙貨物船ノストロモ号の乗組員サミュエル・ブレット（ハリー・ディーン・スタントン）が劇中で被っているアポロキャップのレプリカ。サングラスは渡哲也がするようなティアドロップ、ナス型グラサン、タレサンなどと呼ばれるタイプ。折原先生の顔はお見せできないが僕ら的には、せめて変装で小粋な個性を出していただきたい、という思いでチョィスした。

「おおっ、似合いますね！」

鼻が高い折原先生がナス型グラサンをすると、童顔の要素は消えて、一気にすごみが増した。昭和の男感満載のポロシャツに、金色の月桂樹が刺繍された紺のアポロキャップ、タレサンを装着した折原先生は、どこから見ても年季の入った凶悪犯罪研究家、もしくは怪しい街の情報屋としての風格を漂わせている。

「そうですか……」

と言いながらも、先生はまんざらでもなさそう。ちなみに先生はサングラスを装着し続けるのは生まれて初めてだという。

「でも、こんな格好していたら、カラまれないですか……」

そんなことは絶対にありません。昭和のワイルドな男チックなムードを漂わせている今の折原先生の姿を見たら、絶対に向こうが避けると思いますので。

海が近くなってくると、道幅は狭くなり、曲がりくねった道が続くようになってきた。すでにひとりで二回もおせんころがしへ来ている折原先生は、カーナビを使わずに裏道をガンガン走っていく。

時刻はまもなく午後五時になろうとしていた。最初の目的地である、千葉県勝浦市に建てられた孝女・おせんの身投げ供養塔に到着した。人気がない崖に建てられた供養塔の周囲は、夜にひとりで行ってこい、と言われたら絶対に無理な寂しい場所だった。ここが事件現場と言われたら納得してしまう。現にそう思っている方たちが多いのも納得できる。

「でも、ここはお仙さんが転落した場所ではないですし！　栗田源蔵が母子三人を殺した場所ではないですからね！　今から隣の鴨川市にある殺人現場に行きますが、そっちはもっと寂しい場所ですよ！」

そう言いながら折原先生は石碑に向かって両手を合わせていた。

「もうすぐ殺人事件の現場に着きますよ」

車は断崖に造られた国道を走っていた。道幅は、対向車が来たらお互い気を使いあってなんとかすれ違えるぐらい狭い。道の海側は錆びついたガードレールに覆われ、反対側は崖崩れ防止のためにモルタルで覆われた崖面が続いている殺風景な場所だ。

「この崖が海に最も接している。このあたりで事件が起きたんです」

折原先生は車を崖面沿いに停めた。降りると、潮の香りが漂ってきた。蝉がにぎやかに鳴いている。ガードレールの向こうには海が見え、夕陽が沈みかけた空の色がきれいだ。

「うわ、きれい！」

折原先生は吸い込まれるように崖沿いに向かって歩き出した。実際、高台から海を眺める男たちの姿は、夏の小旅行のようだ。しかし、ガードレールから崖を見下ろしていると、

「栗田に投げ捨てられた被害者の方たちは、いきなり下に落ちていないんです。母親と長男は崖の途中に引っかかり、それを見つけた栗田は、崖を降りて石で殴打して殺したんです」

折原先生が教えてくれた。崖下までは約十五メートルはあるという。そうだ、僕たちは今、おせんころがし殺人事件の現場にいるんだ……。


「栗田源蔵の手記です。コピーしたので、どうぞ！」


時刻は午後七時過ぎ。取材の下見を終えた僕たちは食事だけでなく、撮影のための打ち合わせもしたいので、ファミレスに入ることにした。夕食時の店内は賑わっていた。

「皆さん、メニューは決まりました？　そろそろ店員を呼びますよ」

と言う力夫監督はハンバーグ定食、富山さんはチキンカレー、僕は冷麺、折原先生は鰻丼を注文した。アポロキャップ&タレサン姿をキープした折原先生は、鰻丼が来るまでの間も相変わらず殺人事件の話をしている。

「僕が今会いたい死刑囚は村松誠一郎ですね！　宮代事件という冤罪が疑われている事件の。資料を読むと、この人が犯人じゃない気がするんですよ！」

折原先生以外の食事が届き、僕らは食べ始めた。終わる気配がまったくしない折原先生の殺人トークを聞きながら。

「あと会いたい、というか今の状況が知りたい死刑囚は、ピアノ騒音殺人事件の大濱松三ですかね！　死刑が確定してから四十年ぐらい経つんですけど、その後の情報がまったく入ってこないんですよ！」

トークの話題は、折原先生の気持ちが赴くままに変わっていく。が、どれも物騒な内容であることに変わりはない。

「勝田清孝に殺された被害者のひとりが青森の板柳町出身で、少年時代の永山則夫が暮らしていた場所なんです！　あとサリン事件の運転手役のひとりも板柳町出身なんです！」

隣の席の富山さんがやつれた顔つきでチキンカレーを食べている。まだ、折原先生の鰻丼だけが来ない。

僕らの食事が終わったころ、やっと鰻丼が来た。しかし、

「今、一九九七年に山一証券の顧客相談室長を殺した男が裁判になっていて。すごいんですよ、この男の経歴が！」

殺人トークに熱が入り、箸をつけようとしない。見かねた力夫監督が「先生、食べながらで大丈夫ですよ」と言うと間髪入れず、

「食べながらだと話せないんで！　そういえば栗田源蔵は死刑を二回言い渡された最初の事例ですが、栗田のあと、死刑を二回言い渡された死刑囚は何人かいるんですよ！」

今度は死刑囚トークを始めた。隣の富山さんは食事をしたはずなのに、絶食したような顔つきになっている。それでも折原先生は、鰻丼に小袋に入った山椒をふりかけ、食べる用意をしながらも物騒なトークを続けた。

「今日は皆さんに、こういうものを持ってきました！」

鰻丼を食べている箸を置いた折原先生は、リュックから紙の束を出した。

「栗田源蔵が獄中で書いた『懺悔録』という手記です。コピーしたので、どうぞ！」

これか。

「キツいですね……」

手記を読み始めた富山さんが顔をしかめている。力夫監督もだ。そんなに酷い内容なのか……僕も読んでみます、と言うと、まだ鰻丼を頬張っている折原先生は、

「声には出さないでくださいよ！　食事中なんだから！」

食事する僕らに殺人事件や死刑の話をガンガンしていたのに……。読んでみたら実際、夕食時のファミレスで声に出して読めるような内容ではなかった。栗田には一ミリも共感できない。同情の余地がなさすぎる。身勝手さしか伝わってこない。手記のタイトルは『懺悔録』だが、何も懺悔していない。ただの残虐な思い出ノートだ。

「この手記はすごいわ……異常ですよ」

力夫監督の感想を聞いた折原先生は嬉しそうに、

「酷い内容ですよね！　栗田は強姦して首を絞めて殺した相手が苦しんで亡くなったんじゃなくて、エクスタシーを感じたまま昇天した、と捉えているように読めますよね！」

鰻丼を食べながら熱く語り出した。僕が最も嫌な気分になったのは、おせんころがし殺人事件の部分だ。陰惨な事件の様子を、栗田の身勝手すぎる主観でつらつらと記したあと、なんと、

「しかし、私はその日秋田県平鹿郡沼館町の寺田洋服店へ、窃盗に押し入ったのです」

と犯行を全面的に否定し出すのだ。

手記を読み終え、折原先生が鰻丼を一時間近くかけて完食したところで、今夜の取材および『スーサイドララバイ　きめてやる今夜』の撮影の最終打ち合わせをすることになっ

た。そこで決まったことは、栗田源蔵がおせんころがし殺人事件でとった行動ルートをたどる。そのため取材は、栗田源蔵と被害者の母子が出会ってしまった上総興津駅から始める。そして各スポットで、折原先生に事件の解説をしてもらい、その様子を撮影する。

「できるかなぁ」

そう折原先生は言いながらも、

「今日は栗田の判決文を持ってきたので、殺人現場で読みます！」

と参加意識を高めてくれている。

「ぜひ、判決文を読んでいただきたいです！　それは断罪する、ということですか？」

折原先生のやる気に力夫監督は喜びを噛みしめている。

「断罪も含めてですね！　ちょっとペンを貸してもらえます？　この判決文、漢字を思いきり間違えているんですよ！　そもそも事件があった地名が間違って載っちゃっていて、それが例の国会の議事録に引用されちゃっていて、存在しない住所になっているんですよ！」

折原先生は、富山さんから借りたボールペンで判決文を添削している。アポロキャップにタレサン姿で、赤いボールペンで必死に紙に書き込む姿は、競馬の予想屋にも見えなくもないが、とにかく今夜は、一生忘れられない夜になりそうだ。

カメラの前で緊張しまくる超大物凶悪犯罪研究家

時刻は午後十時過ぎ。僕らは取材に向かうため、ファミレスの駐車場の隅で撮影機材の準備を始めた。

「ギンティさん、そろそろ着替えますか?」

僕と力夫監督は今回の撮影のため、お揃いの衣装を用意した。それは黒いダボシャツ。早速着替えると、

「うわ、ギンティさんがダボシャツ着ると完全にテキヤですよ!」

力夫監督が笑っているが、お前もな! 一八〇センチ近い身長でがっちり体型のお前のほうがテキヤだよ! と怒っている場合じゃなかった。今夜のために持ってきた大事なブツの準備をしなければ! 僕はトランクから、ビニールのレジャーバッグをふたつ出した。

「なんですか、それ?」

不思議そうに見ている折原先生の前で、レジャーバッグから等身大の腕や足のパーツを取り出した。そうです。『スーサイドララバイ　きめてやる今夜』が最初に行なった首吊り廃墟取材のために自作した、首吊り死体の人形を持ってきたんです! 気合いを入れて造ったら、どういうわけか身長二メートル以上になってしまって……。だから、持ち運ぶときはバラバラにしないといけないんですよ。

「うわあ、やだコレ！　気持ち悪いな！　遠くから見たら死体をいじっているようですよ！」

レンタカーの陰に隠れて、等身大の人形を組み立てる僕の姿を見た折原先生は、頭を抱えながら嫌悪感をあらわにしている。

「準備も整ったので、出発しますか」

力夫監督の指示で、僕らは車に乗り込んだ。等身大の人形は後部座席に座らせると身長が二メートル近いうえに座高も高いので、一緒に車内にいると非常に圧迫感がある。

「……この人形、迫力がありすぎますよね」

人形とともに後部座席に座る富山さんがドン引きしている。

「本当ですよ！　すれ違う車に死体を運んでいると思われますよ！」

あまりにも折原先生が嫌がるので、力夫監督が、人形を少しでも人間らしく見せるために先生がしているタレサンとアポロキャップを装着させた。が……。

「あれ!?　なんかマイケル・ジャクソンみたいになっちゃったよ！」

逆に異形感が高まってしまっている……。首吊り死体を模した人形はタレサンを装着したことで、エラそうな死体かマイケル・ジャクソンの死体にしか見えない。それに、この人形は今、僕の隣に座っているんですが、ダンボールを筒状に丸めて作った身体の各部が柔らかくて、本当の死体みたいです……。

外房線が走る上総興津駅は一九二七年に開業した。午後十一時ごろに到着した上総興津駅の駅舎はまだ灯りがついているが、駅前に一軒しかない喫茶店も閉まっており、あたりに人の姿はない。事件当時の寂しい雰囲気を少し知ることができた気がする。

今からこの場所で、折原先生がおせんころがし殺人事件について解説する『スーサイドララバイ』内のミニコーナー「折原静雄　事件を行く」を撮影する。

「じゃ、いきますよ！」

力夫監督がビデオカメラを構える。僕は折原先生の聞き手として出演することになった。カメラの前に、黒いダボシャツ姿の僕、アポロキャップにタレサン姿の折原先生が並ぶと、事件ドキュメンタリーというよりも場外馬券場にしか見えない……。

「ヨーイ、スタート！」

折原先生、今夜は栗田源蔵によるおせんころがし殺人事件での行動をたどるんですよね。

「は、はい……」

まず、この上総興津駅に来たわけですが？

「ええっと……なんだっけ⁉」

先生がアガっている。

「折原先生、大丈夫ですよ！」

力夫監督が必死にほぐす。

「台本を書いてくださいよ、せめて！　ちょっと事件の資料を読ませてください！」

先生は車から大量の新聞記事や週刊誌のコピーを取り出すと、

「ここじゃないな！　どこに書いてあった⁉」

期末試験直前の中学生のように事件の資料を読み出した。かなりアガっているようだ。本来なら、資料が必要ないくらいデータが頭に入っているのに。

「折原先生、いつもどおりに話してもらえれば大丈夫ですから！　今、資料を読み直して事実関係を確認しているんですね。一回資料の信憑性を疑うんですね。素晴らしいです！」

力夫監督は、あぁ、本当にこいつが監督で良かったなぁ、と感心してしまうぐらい懸命に凶悪犯罪研究家のカチンカチンになったハートをほぐそうとしている。だが、当の先生は、目の前に広げた資料を読むことで頭がいっぱいで「はぁ」と気持ちが入っていない返事をするだけ。しかし、この力夫監督の真摯な態度に引き込まれるように僕らも折原先生を、ドキュメンタリーに出演する超大物凶悪犯罪研究家として接するようになった。それは、資料を読み終えた折原先生から、

「ちょっと、これ持ってて！」

とＡＤのような扱いを受けた富山さんもだ。

「はい！」

と資料を受け取った富山さんは、どこからどう見ても超低予算の犯罪ドキュメンタリー作品のＡＤだ。どうしても折原先生を注目してしまう取材だが、改めて考えると富山さんもすごい人だ。普通なら、このあたりで、

「いつになったら、心霊スポットの取材すんだよ！」

と激高してもおかしくない。それなのに、僕らの撮影に辛抱強くつきあってくれるだけではなく、力夫監督の助監督役も買って出てくれている。よほどシャレがわかるのか、それとも忍耐強いのか、それよりも『ＢＵＢＵＫＡ』での編集業務が僕の想像を絶するハードさなのか。その辺はわからないが、とにかく素敵な方と取材できて良かったです！

「それじゃテイクツー！」

僕と折原先生は駅舎の前に並んだ。

「ヨーイスタート！」

折原先生、僕らは今夜、栗田源蔵が昭和二十六年十月十日に起こしたおせんころがし殺人事件の行動をたどるわけですけど、まずはなぜ、この駅に来たんですか？　と聞きながらも内心は、大丈夫かな……と心配していたが、折原先生は神妙な顔つきで後ろ手に組み、学者のような態度になると、ゆっくりと駅の待合室に入っていった。そして、

「この駅の待合室こそ、栗田源蔵と被害者親子が出会ってしまった場所なんです。当時、

その……ここではお母さんと小さい子ども三人が途方に暮れていました。というのも旦那さんが、館山に住んでいて、奥さんは館山に帰ろうとしたんですが、終電がこの駅でなくなってしまって。ここから館山までは遠いので、どうしたものか途方に暮れていたところ、栗田源蔵が自転車で通りかかりました」

驚いた。僕はてっきり折原先生は、いつもの調子でさかなクンのように事件の解説をするものだと思っていた。しかし、違った。先生は、まるで硬質な犯罪ドキュメンタリーに出演する本物の事件研究家のような態度と口調になったのだ。撮影している力夫も、その横にいる富山さんも唖然としている。何度も書いてしまうが、本当に先の読めない人だ！

「そして、子どもを自転車に乗せてやるから一緒に行かないか、と声をかけて最初は断ったんですけど結局、栗田と道を歩き始めました」

「カット！　オッケーです！　いやあ、完璧じゃないですか！　折原先生、今犯罪ドキュメント風にやっていただいてすごく嬉しかったです！」

力夫監督が感無量、といった感じの声を上げながら割れんばかりの拍手をしだした。その勢いに押された僕らも思わず拍手をする。

「今の本当に大丈夫だったのかなぁ！」

そう言いながらも折原先生も手応えを感じているようだ。

「それじゃ皆さん、次の現場に移動します！」

いよいよ深夜の殺人現場だ。

「今から栗田と被害者親子がたどった道を行きます」


「いやあ、折原先生、本当に見事でしたよ！」

車中でも力夫監督が折原先生を絶賛し続けていると、

「ちょっと！　僕のことを折原、折原って呼ぶの、やめてもらえます⁉」

……。またしても折原先生が先の読めないことを言ってきた。

「折……先生、どういうことですか⁉」

「折原も静雄も僕が好きなキャラクターなんで、事件に結び付くようで嫌なんです！」

自分で考えた名前なのに……。

「わかりました！」

力夫監督は「先生のおっしゃるとおりです」と言わんばかりの態度で、こう言い出した。

「そうしたら先生、僕から提案があるんですけど、折原静雄って名前、今から変えましょう！　先生に嫌な思いとか負担をかけたくないので！」

すげえこと言うな。事件現場をたどる途中でコメンテーターの名前が変わるドキュメンタリーなんて聞いたことがない。でも、それも面白そうだからアリかな、と思ったら、

「やっぱり折原静雄で行きます！　情報屋として一番合っている名前なんで！」

そうですか。それならば我々は今後もあなたのことを折原静雄先生と呼ばせていただきます。気持ちを新たにした折原先生は、

「今から栗田と被害者親子がたどった道を行きます。ただ、五十年以上も前の事件なので、道も変わってしまっていますが、できるだけ忠実に行こうと思います！」

ハンドルを握りながら犯罪ドキュメンタリーにふさわしい口調で解説をしてくれた。折原先生の改名問題に気を取られていたが、上総興津駅から事件現場まではかなりの距離がある。徒歩で移動した栗田と母子四人は、事件現場に着くのに二時間近くかかったという。

「被害者の母は明るい新道から行くことを主張したのですが、栗田はどうしても人気のない旧道を行きたかったのです。ただ、そちらの道は通れないので、当時からあった新道で向かいます」

硬派なドキュメンタリー調で話す折原先生の解説を聞いていると、いよいよ今から事件現場に行くのか……と気持ちが沈んでいく。

「ここから、おせんころがしの事件があった旧道に入ります」

車は街灯のない崖道を走り出した。

真夜中の事件現場は、夕方に訪れたときとはまったく違う雰囲気を漂わせていた。車を

事件現場から一〇〇メートル離れた場所に停めたが、崖道には街灯がなく、二メートル先が見えない。崖下から波の音が聞こえてくる。もしも、ここに懐中電灯を持たず置き去りにされたら、何も見えなくて崖から転落しかねない。

「今、下の方から女の人の声が聞こえませんでしたか⁉」

「え、富山さんも聞こえたんですか⁉　この場所、無理かも……」

力夫監督たちが震え上がっている。うわ、いよいよ心霊スポット取材が始まったな……と早くも殺人現場のムードに呑まれだしていると、

「波の音じゃないですか」

折原先生は平然としている。そうだった。先生は心霊スポットが怖くないんだ。それに、

「市川監督、次はどこから話せばいいんですか？」

と心霊スポットよりも「折原静雄 事件を行く」の出演のことでいっぱいだ。

「それでは本番！　ヨーイスタート！」

僕と折原先生はカメラに向かって、崖道をガードレールに沿うように歩き出した。先生は相変わらず後ろ手に組んでいる。先生、だいぶ暗い場所に来ましたけど、ここは？　と聞くと、

「そうですね。栗田はあえて……人目につかない真っ暗な道を選んで、親子と歩いていま

した。そして……はぁ、たびたび……はぁ、お母さんに関係を求めるようなことを言い……ええ……お母さんはそれを」

事件現場で、その事件のことを語るのは辛そうだ。ここは質問をして援護しよう。先生、栗田はどんな感じのことを母親に言ったんですか？

「……どんな感じでしょうかね……あの、僕、サングラスをしているからカメラの横のライトしか見えていないので、足がおぼつかないんですけど！」

そうだったんですか。それなら僕が、カメラに映らないように先生のシャツの裾をつかんでいてもいいですか？

「それじゃ、僕が連行されてるみたいじゃないですか！」

そうは言っても、今の状況的にその方法がベストなので実行することになった。

「栗田は母親に関係を求めながらも、母親はそれをかわしていたというか……ええ、館山の家に帰れば主人もいないし、そこまで待って、と栗田の言うことを暗に拒んでいたようで……ええ、そして、とうとうこの崖に来たとき、栗田は体のいい断りで関係を持たせる気はないのだ、と遂に憤激し、自転車に乗せていた子どもを、自転車ごと突き倒しました。それに驚愕した母親は、その場に座り込んでしまいました。はぁ……」

我々は今、まさにその場所にいるんですね。

「はい。それが、およそこのあたり、通称おせんころがしと呼ばれる断崖絶壁であるわけ

です。栗田はここで子どもを次々と崖下に投げ落とし……そして、若い母親がおぶってい
た小さな女の子を木に縛りつけ……そして、その母親を……子どもたちを投げ捨てられて
茫然自失となった母親を、関係を持つように迫ったのです……」
先生が沈黙してしまった。先生、栗田はその後、何をしたんですか？
「言わせるんですか⁉ それ以上のことを！ ちょっと前後関係があやふやなんで……」
具体的な解説をするのはキツいと思うので、簡単な説明でイイですよ、と言ったが、折
原先生は、
「はい。とにかく命だけは助けてくれ、というその母親に対して、栗田は藁のむしろを敷
いて……やめます」
と詳細に語ろうとしたが、途中で断念してしまった。仕方がないですよ……と皆でフォ
ローしていると、

おぉおおおぅ

「なになになに⁉」

「今、男の人の声が聞こえた！」

力夫と富山さんが慌てている。僕も聞いちゃったよ！ 折原先生も驚いている。あなた

も聞いちゃったんですね!?

「キリギリスの羽の音が自転車のカラカラって音に聞こえたので、びっくりしたんですよ」

今だけは、そういう斜め上から来るアンサーはいりませんから！　たしかに男の声だった。心が折れそうだ。


「主文、被告人を死刑に処する。以上」


「折原先生、事件の詳細を語るのはここまでにして、次は、この場所で判決文を読みますかね？」

「読みます」

いよいよ折原先生念願の企画だ。海に向かって直立した折原先生は、判決文を取り出した。

「それでは行きます！　ヨーイスタート！」

「被告人は昭和二十六年十月十日、午後十一時ごろ、自転車に乗って」

先ほどのたどたどしい喋りとは違い、先生は裁判官のように判決文をすらすらと読み上げていく。闇に包まれた断崖に折原先生の声、キリギリスの羽音、波の音だけが響き渡る。聞き手役の僕は先生の横で直立状態をキープしないといけないのだが、さっき聞こえた声の主が見ているようで落ち着かない。それに判決文が長いし、硬い文体で語られる、惨たらしい犯行の手口を嫌でも想像してしまう……。

「主文、被告人を死刑に処する。以上」

朗読は五分にわたったが、体感的にはもっと長く感じた。

「オッケーです！　先生、ありがとうございます！」

ここは前代未聞の偉業を成し遂げた折原先生に聞き手役として感想を聞かなければ！

先生、今回この事件現場を取材するにあたって、最後は判決文をこの場で読み上げたい、と願い出たわけですけどなぜですか？　と聞かれた先生は再び後ろ手になり、

「わたくし、こうやって事件を研究していまして、いろいろな判決文を読むんですけど一度、実際の事件現場に赴いて、その判決文を罪を断罪するような気持ちで読み上げたい、という思いがあったものですから、今回このようにやらせていただきました！」

そんな先生が数日前に栗田源蔵の手記を手に入れたわけじゃないですか。数多くの凶悪事件を研究している先生でも「これはきつい」という印象を受けたんですよね。

「そうですね。手記を読むと栗田は、殺害場面で被害者の女性が、首を絞められてエクスタシーを感じて亡くなった、と思い込んでいるフシがある印象を受けまして。そのようなことが恐ろしいと思ったことと、あと手記の最後で数々の暴行殺人を認めながら、ここで起きたおせんころがし殺人事件だけは無実である、と最後の最後で主張していまして、そんな嘘は通じないぞ！　とここで言いたいと思います！」

決まった！　のではないでしょうか……？　と力夫監督の顔を見ると、

「折原先生、ありがとうございます！　よし！」

犯罪ドキュメンタリー史上初の試みの撮影に成功した充実感に満ちあふれている。では次はいよいよ僕たちが……と思ったら、折原先生はさらなるスピーチを始めた。

「そして！　ここで亡くなられた三人、そして当時、お母さんのお腹の中にいたお子さんの御冥福をお祈りしたいと思います！」

言い終わると、海に向かって深々と頭を下げた。

「折原先生、ありがとうございます！」

これで終わった、と思ったら、

「そして！　助かった女の子や当時、この場にはいなかった御遺族の方々へ深く哀悼の意を述べたいと思います！　あと、ここで本来、言うべきではありませんが、すでに死刑を執行されてこの世にいない栗田があの世で深く懺悔することを願います！　以上です！」

「先生、ありがとうございます！　いやあ、素晴らしいコメントだったんじゃないですかね！」

「あと、もうひとつ！　今回、おせんころがしということで、この事件の被害者のことのみを言いましたが、栗田はほかにも何名もの女性を殺害しています！　一体、彼が何名を手にかけたか私にはわかりませんが、被害者の御冥福を合わせてお祈りさせていただきたいと思います！　そして二度とこのような事件が起きないよう……願っています！」

「折原先生、ありがとうございます！」

「あと、もうひとつ！　今の重苦しい雰囲気とは違うんですけど、おせんころがしの現場が碑のある場所ではなく、ここであることを、どうか！」

その後も折原先生渾身のスピーチが終わると、力夫監督が「ありがとうございます！」と全身全霊の感謝の意を述べて撮影終了かな、と思いきや、先生が「あと、もうひとつ！」とスピーチの延長戦を始める、というループを何周もして、これは無限に続くのでは……と不安になったとき、やっと折原先生のスピーチは完全終了した。

「折原先生、本当にありがとうございました！　予定どおり判決文も読めましたね！」

現場は、何か大きなことを成し遂げた、という充実感に満ちあふれている。

「いやあ、あんな適当なことをべらべら喋っちゃって！　さっき、セリフ間違えたな」

そう言いながらも、折原先生も満足気だ。次はいよいよ僕と力夫の番だ。これだけド派手なことをやっていただいたあとに何をやればいいんだろうか……。

「折原静雄 事件を行く」で現地を歩く折原先生とギンティ小林

事件現場で判決文を読み上げる折原先生

Chap.12
狂気のミッション

心霊スポット・ドキュメンタリー史上初の試み

「今から僕らが何をするか、ですよね……」

　事件現場から一〇〇メートル離れた車の脇で、力夫監督と僕は崖道に座り込みながら頭を抱えていた。出番を終えた先生はクーラーが効いた車の中で、シートを倒して煙草を吸いながらガラケーでミクシィを見ている。折原先生があそこまでやったのだから、それ以上のことをやらなければいけない。正直、折原先生の予想を超えた言動の連続に、身も心もくたくたなんだけどさ。

「そうなんですよね……」

　折原先生は、栗田源蔵が獄中で書いた手記を用意してくれた。ということは、やっぱり殺人現場で手記を朗読するのはマストだよね……。

「それが一番の挑発になりますよね……」

　常識的には完全に間違っているが、心霊現象を撮るには正しい方法だと思う。正直、やり遂げる自信はない……。しかし、殺人現場で判決文を読み上げる行為と同じく、殺人現場で犯人の手記を朗読する、という行為も心霊スポット・ドキュメンタリー史上初の試みだ。

「そうですね。やるしかないですね！　そうしたら、ギンティさんと俺はひとりで、ここから一〇〇メートル先にある殺人現場に等身大の人形を連れて行きましょう……」

そして殺人現場に設置された定点カメラの前で、人形と並んで手記を朗読する。

「朗読が終わったら、仕上げに栗田源蔵が、被害者たちを突き落とした崖から等身大の人形を落として首吊りバンジーをしましょう……ちょっと待って！　俺、気が狂うかも！」

そのとおりだよ！　さっきから俺たちは何の話をしているんだよ！　カルト教団の儀式でも考えているのかよ！　プレッシャーで吐きそうだよ！

「俺、無理かもな……ちょっと手記を確認しますか？」

改めて読んでみたら文章が長い！　栗田が上総興津駅で被害者親子と会ってから、ここに来るまでの道中のこと、そして、この場で三人を殺め、ひとりの少女を崖下に突き落としているから、下手したら折原先生が読み上げた判決文よりも長い！　だからさ、朗読する文章を少し短くしない？　たとえば殺害場面だけにするとか……？

「たしかに、これは超長いですね……」

富山さんも心配している。よし、いいぞ。このまま一部分だけを読む方向にシフトチェンジしてくれ！　と思ったが、

「いや。どんなに早口になってもいいから全部読みましょう！」

そうだった。力夫は鬼監督だということを忘れていた……。彼が『怪談 新耳袋殴り込み！劇場版 魔界編後編』を監督したときも、単独で心霊スポットに潜入した僕に、その場にいるであろう霊に対して「ここにいる霊、俺に取り憑け！」とシャウトしてくれ、とオー

ダーするハードコアな監督だった。

「ギンティさん、今回は人形を崖から落とすときに〝出てこい！〟って叫びましょうか？」

どうして君は、そうやってラーメンのトッピングを追加するぐらいの軽さで、狂人のようなメニューを足すことができるの？　と思ったが、

「俺も多分、超早口で読むんだろうな……これは気が狂うかもしれない！」

彼自身も自分が行なう挑発行為のハードルを上げているんだよな。つくづくストイックな人物だ。実際、折原先生があそこまでやった以上、これぐらいはせざるをえない。おそらく、折原先生が同行していなかったら、僕らは単独で事件現場まで行って、崖から人形を首吊りバンジーするだけで済んだはずだ。それでも充分クレイジーな所業だが。

「緊張してきたな……そうだ！　人形の首を吊るためのロープって、もう巻きました？」

まだだった！　すぐ巻こう！　と力夫監督と等身大の人形の首にロープを巻きつけた。

「どう見ても、黒いダボシャツの男がふたり、殺した人間を偽装自殺に見せかけようとしている姿にしか見えないですよ……」

富山さんがドン引きしている。その後、僕、力夫監督、富山さんの三人で事件現場に定点カメラをセッティングして準備は整った。

「じゃあ順番をジャンケンで決めますか？　立ちくらみがしてきたな……最初はグー！　ジャンケンホイ！」

僕はパー。力夫監督はチョキ……負けた。

「じゃあ、僕は先行を行きます！」

よし！　と思ったが一番手と二番手って、どっちがいいんだ……。

「俺は、最初にやって霊を呼んでおいて、次に何かが起きるように、と思っていますよ」

……。力夫監督が頭にヘッドライトを装着する。

「……また立ちくらみがしてきたな。じゃ、行きます」

無理だと思ったら途中で引き返していいからね！　そうしてくれると、次の俺の気が楽になるから。

「行きますね！　あぁ、人形が重い……」

肩から等身大の人形を担いだ力夫が五メートルも歩かないうちに闇に消えていった。同時に突風が吹いてきた。力夫監督の姿を虚ろな目で見つめる富山さんがこんなことを呟いた。

「あの後ろ姿、完全に真夜中の崖に死体を捨てに来た人殺しでしたよ……」


「こえぇぇぇえっ！　すげえ、こえぇぇぇえ！」


力夫監督は闇に消えてから十分が経った。

「力夫さん、遅いですね……。時間がかかりすぎてますよ」

富山さんが不安そうにしている。

ああああああああああああっ!


闇の奥から獣の咆哮のような絶叫が聞こえてきた。

「力夫さんの声ですよ! 崖から転落したかもしれませんよ! どうします⁉ 助けに行かないと!」

あまりに常軌を逸した挑発行為のせいで、本当に気が狂ってしまったのか……。そうだとしたら落ち着かせる自信がない……。

「あ、あ! あれぇ⁉」

富山さんが素っ頓狂な声をあげた瞬間、

ばちばちっ

という音とともに急に明るくなった。

「カメラのフラッシュが勝手に作動してる!」

富山さんが首から下げた一眼レフカメラに装備されたフラッシュが何度も点滅している。

ああああああああっ！


　また力夫の雄叫びが聞こえてきた。映画で観る、仲間が隣の部屋で拷問されているときに聞こえてくる声のようだ……。

「あ！　力夫さんだ！　ものすごい勢いで走ってきてますよ」

　まるで何かから必死に逃げているようだ。しかし、肩に等身大の人形を担ぎ、目を血走らせながらダッシュしてくる姿は、どう見ても殺人ゴリラだ……。

「こえええええっ！　すげえ、こえええええ！」

　と叫びながら僕らのもとにたどり着くと、そのまま地面に倒れこんだ。

「すげえ怖え！　はあはあ……死ぬほど怖いっす！！！　こわぁ！」

　そういう感想を力強く言うなよ。次にやる俺が可哀想だろ！　とりあえず、落ち着いて何があったか聞こう。どうだった……？

「死ぬほど怖い！　死ぬほど怖い！　これ、気が狂いますね！　変な音はもうしょっちゅう……朗読している間、声みたいなのがしょっちゅう聞こえてきますよ！　もういちいち反応してられない！　すごい怖い！」

　聞くんじゃなかった。俺、無理かも……。

「一応、決められたことは全部やりました」

マジかよ……。身体に力が入らなくなってきた。殺人ゴリラが担いできた人形を見ると、片腕が外れかかっている。

「吊るした人形を引き上げようとしたとき、なかなか引き上げることができなかったんですよ……下で何かが人形をつかんでいる気がして狂いそうでしたよ！」

そんなに具体的に説明しなくていいよ。

「ギンティさんがやる前に人形の腕は修理したほうがいいですね」

僕はガムテープで人形の片腕を直して……いるんですが、指先が震えて、人形の服のボタンがなかなかしめられない。

「すごい怖い！　怖かったぁ！」

それはもうわかったよ。

「朗読するとき、背後に栗田が被害者を落とした海があるわけじゃないですか。崖下から手が迫ってきそうで……そういう絵を頭の中で考えちゃうんです。自分が引きずり込まれるような。背中が痛くなってくるし」

お願いだから、もうそれ以上は言わないで。

「人形も直りましたね。じゃ、行きましょうか⁉」

わかったから、一回、トイレに行かせてくれ。いや、行かせてください！

「わかりました。いや……これ絶対無理！　やったけど、もうできない！」

そう叫びながら力夫監督は生還した喜びを全身で感じている。

「あ、そうだ！　栗田の顔写真を拡大コピーしてきたのに俺のときに使うのを忘れてた……ギンティさんは人形の胸に栗田の顔写真を貼っていきますか!?」

タダでさえアレなミッションに、さらに不謹慎な要素がトッピングされてしまった。僕は人形の胴体に栗田源蔵の写真を黒いガムテープで念入りに貼った。

「写真の周りに黒いガムテープを貼ったら遺影みたいになりましたよ。最悪ですね……」

「これは……」

富山さんも言葉を失っている。何度も言わせてもらうけど、やり遂げられる気がまったくしないよ……。

白い骸骨のような顔

「準備が整ったので行きますか？　時間もないですし」

そうですね……。

人形を肩から担ぐと……重い。

「すいません！　出発前に人形を担いだ姿を『ＢＵＢＫＡ』用に撮影させてください！」

しばしの間、撮影タイムとなった。

「じゃ、今度こそ、行ってきてください！」

はい……。暗闇に向かって一歩踏み出した。ああ、暗すぎる……って緊張のあまり頭にヘッドランプを装着するのを忘れた！

「ギンティさん！　ランプ！」

追いかけてきた力夫に装着してもらう。

「ランプがないと絶対にダメですよ。何も見えませんから！」

そんなに暗いのか。

「暗いです！　じゃ、いってらっしゃい！」

今度こそ行ってきます……と歩き出すのだが、足腰に力が入らない。一〇〇メートル先の殺人現場にたどり着ける気がまったくしない。皆から五メートルも離れると暗闇に囲まれた。ヘッドランプの光が弱すぎる。あぁ、どうして僕はこんなハードな仕事を選んでしまったのだろう……と自分の人生設計の甘さを恨んでいた、そのときだった。

ごん

鈍い音とともにふくらはぎに激痛が走った瞬間、脚から頭めがけて電流が駆けめぐったような衝撃が走った。と同時に全身の力が抜けていく。

ぎゃあああああっ！　もうダメだ！　きてーっ！　きてーっ！　と声の限り助けを呼んだ。

「どうしたんですか⁉　あ……」

助けに来た力夫監督たちが呆然としている。って、何⁉

「人形の首が落ちてる……」

不吉すぎる。でも、みんなの近くだっからまだ良かった。もしも、殺人現場の近くで同じことが起きたら、気が動転して崖下に転落していたかもしれない。

「また、人形を修理しないと、ですね……」

急いで直さなきゃ、と思うのだが、またしても指先に力が入らない……。


「あれ……なんだ、これ⁉」

富山さんが真っ青な顔で、自分のカメラの液晶モニターをチェックしている。

「気持ち悪い写真を撮ったかもしれないんですよ……。さっき、ギンティさんが出発する姿を撮った写真なんですけど。力夫さん見てもらえます？　これなんですけど……」

「うわ！　やっば！　やっば！」

富山さんからカメラを渡された力夫がのけぞりだした。

「この写真はヤバいかも！　富山さんがすごいもん撮っちゃいましたよ！　見ます？」

やだ。絶対に見たくない。

「でも、この写真を見たら、挑発行為をする気分が高まりますよ！」

高まらねえよ！　余計に怖くなるだろ！

「いやいや。見てくださいよ！　ほら」とカメラを差し出してきた。顔を背けようとしたが遅かった。見てしまった。

俺の横に知らない人の顔がある。

しかも、白い骸骨のような顔だ。顔がある位置は、ガードレールの上。つまり、本来何もないはずの宙に白い顔が漂っている……写真を見た瞬間、餌づいてしまった。

「今、どんな状況ですか？」

車内でくつろいでいた折原先生が姿を現した。富山さんから説明されると、カメラのモニターをのぞき込んだ。

「これ骸骨じゃないですか！　もうやめたほうがいいんじゃないですか⁉」

折原先生が言うように、通常の心霊スポット取材なら取れ高的には充分だろう。しかし、

「いや、やりましょう！」

先ほどまで折原先生の意見を全力で肯定していた力夫監督は否定した。そうなるだろう、と思ってましたよ……。

鬼畜・粟田源蔵の手記に精神を蝕まれるギンティ

挑発行為に出発しようとしたら、アクシデントが起きて戻ってくる、という行為をジェームス・ブラウンのマントショー並みに繰り返してしまった結果、当初の出発予定から四十分が過ぎていた。

「このまま続ければ、もっと心霊現象が撮れるかもしれないな！　そんなわけですからギンティさん、さっさと行ってきてください！」

いろいろなアクシデントが起こりすぎて、もうヘトヘトだけど、さすがに次こそは行くぞ！　と人形を肩に担いだ。

ぼどぉっ

今の音は何⁉

「あ……人形の片脚がつけ根から落ちちゃいました！」

またですか……いちいち不吉すぎるんだよ！

「でも、もう行きましょう！」

はい。じゃあ、行ってきます……。今度こそ事件現場にたどり着くぞ。両脚の力が入らなくて、ふわふわした感じになっているが一歩一歩、前に進めば必ず着く！

ずぅるるぅ

何かを引きずるような音がした瞬間、脚がもつれ出した……あ、足首をつかまれた！　うわあああっ！　またレスキューを要請しようと思ったが、よく見たら人形からぶら下がる首吊り用のロープが長すぎて脚に絡みついただけだった。危なかった……もしかしたら転倒して崖下に転落していた可能性もある。今回の挑発行為は命の危険がありすぎるから、気を引き締めてやらなければ！　とは思うのだが、いろいろありすぎて身体に力が入らない。それに人形が重すぎる……だけでもキツいのに、ぶらぶらと揺れる人形の手や片足が僕の身体にぺたんぺたんと触れてくる。

着いた………。一〇〇メートルしか離れていないのに、車の場所で待機する皆の声が聞こえない。それに車のライトも見えない。

まずはガードレールに人形を立てかけないと……うわ！　胸に貼った栗田源蔵の写真が怖すぎるし、片脚が抜けたことで座らせにくくなっている。なんとか、座らせなければ！

びりりぃ

栗田の写真の端っこを破っちゃった！　ごめんなさい！　思わず、謝罪してしまった……。思いのほか時間がかかってしまったが、セッティングは完了した。僕は人形の横に座り、右手に持つビデオカメラで自分の姿を撮影し、左手で栗田源蔵の手記を持った。

では、今から昭和二十六年十月十日にここで起きたことを読みたいと思います！　とは言ったもののライトが暗い。えっと……。

私の犯罪はすべて残酷です。

……最初の文からパワフルすぎるよ。そんなこと言われなくてもわかってんるだよ！

なかでも、私を〝鬼の栗田〟と決定づけたのは外房の〝おせんころがし〟の母子四人殺し事件です。

手記を読み上げていくごとに、何かが僕に近寄ってくるような気配を感じる……。特に左側に座る人形側から感じる。その気配のようなものが近づいてくるたびに絶叫してしまう。いかん、このままじゃ朝が来るまで、この場所にいることになってしまう。これは気のせいだ！　早く次を読もう！　でも……手記の字がちいちゃい！　老眼だから見えないんですよ！

昭和二十六年十月、私は千葉市の妹の家に遊びに行って泊っていました。九日、妹の家を出て自転車で小湊へ遊びにいき、千倉というところで酒を飲み、夜道を駆けて興津駅まで来ると。終列車はなくなっていました。寂しい待合室に、母子四人連れがすわっていました。女は三十歳ぐらいでした。

あれ、急に文字が読みやくなった。なぜだ？　心なしか視界も明るくなってきたような気が……ん!?　光はどんどん強くなってきている。なんだ！　僕の、右側に丸い光がふたつ漂っている!?　と思ったら光は、

ぶぅおおおおおおおおおおっ

という轟音を上げ、どんどん大きくなりながら、僕に近づいてくる！　もうダメだ！　喉がズタズタに裂けてしまうのではないか、というほどの悲鳴を上げた。が……。

光の正体は、崖道を通行しようとした車だった。

まさか深夜の崖道に人形と並んで座り込むおっさんがいるなどと想像もしていなかった車は僕めがけて突進してきたのだ。僕の姿を確認した車はスピードを落としゆっくりと通り過ぎていった。通り過ぎる瞬間、涙目になって車に向かって会釈をした。おそらく車中にいた方々はドン引きしていただろう。

あたりは再び闇に包まれた。波の音が聞こえてくる。被害者もこの音を聞いていたのだろう。

うっうううっううううっ

呻き声が聞こえてきた。その瞬間、思わず情けない叫び声を上げてしまった。が、これは気のせいだ！　早く読もう！


女はやつれていましたが、妙に色気がありました。

私はとっさに女をモノにしようと考え、

「自分は館山に行くんですが、自転車がありますから、こどもさんだけでも乗せていったらどうです？」と、もちかけました。

妊娠九ヶ月なうえに子連れの女性をモノにしよう、なんて一ミリも共感できない……。そんな常軌を逸した感性の人間が書いた文章を朗読していると、声がうわずり早口になってしまう……でも、構わない！　とにかく最後まで読むしかないんだ。


一里半ほどくると、坂道となり、トンネルがありました。

「あそこに小屋があるから、少し休みましょう」

山小屋みたいな小屋で休憩しました。私は女にさっそく悪ふざけを始めました。女は拒みもせず、私のいたずらを受けていました。


そんなわけないだろ！　三人のお子さんを連れている状況で、屈強な身体をした見知らぬ男性から迫られて怖くて抵抗できなかっただけに決まってるのに……。

私はすっかりいい気になり、

「こどもたちをここらにおいて、向こうへ行って……」

と誘いましたところ、女は、

「館山の家に帰ってからにして。主人はいないし……」

と暗に拒否しました。私は、とたんにアタマにきました。

「よおし、その気なら母子みな殺しにしても一念をはらすぞ」

やがて、また歩き出しました。


こいつの考えていることがまったく理解できない……。


道はしだいに狭くなり、やがて〝おせんころがし〟の難所にきました。

上は岸壁、下は千尋の谷、ドボンドボンと打ち寄せる荒波は、耳を弄するばかり。

「さあ、言うことを聞け!?」

私が迫ると、女はまた、家に帰って――と言いました。

私は、いきなり男の子を崖下の海へ放り込んだ。つづいて女の子も放り込んだ。


今、自分はその場所にいる……。そんな場所で、大勢の女性を強姦殺人した男が赤裸々に綴った文を読んでいる。あまりに鬼畜すぎる文を読み上げるたびに、自分を支え続けていた常識がどんどん壊れていく気がする……とにかく早く読もう！　で、ここから脱出しよう！　と誓った。

ざぁざっざざざざっ

人形が倒れて、僕にもたれかかってきた。またしても悲鳴を上げてしまった……今夜何度目だ⁉　ノドがカラカラで声が出なくなってきたよ……。

「命だけは助けてください」と女は哀訴した。私は幼女をそばの松の木の幹にセミみたいにくくりつけ、女を抱いた。そして、女を愛撫しながら女の細ひもで、その首を……。女を殺すと、ズルズルと死体をひっぱっていき、海へけ落としました。それから松ノ木にくくっていた幼女を石で五、六回なぐって、谷底へ放り投げたのでした……。

その海が今、僕の背後にある。力夫監督が言っていたように、背中を引っ張られそうな気分になる。それにしても、三歳の子どもを「セミみたいにくくりつけ」ってなんだよ……。それに母子を殺めていく描写を、コンビニの棚卸し作業並みの軽さで書いていて人間味が微塵も感じられないよ！　って、待てよ。今の部分でおせんころがし殺人事件の手記は読み終った！　このあと、「私はやっていません」という言い訳が書かれているが、あなたに弁解できる余地は一ミリもない！　よし、そうしたら次の挑発をやらなければ、

と僕は息を深く吸い込んだ。そして、

出てこい！

本当に言っちゃったよ……じっとしていたら、何か変な音が聞こえてきそうで耐えられないから、このまま次の挑発に移ろう！　と僕は隣に座る人形を抱えた。って、今からやろうとしている行為は、ここで栗田がやった行動と同じだ……いや、俺は違う！　そう自分に言い聞かせると、最後の声を振り絞った。

このような事件が二度とありませんように、この人形を吊るしたいと思います！

言ってることが完全にアウトだが、だあっ！　と叫び、というよりも悲鳴を上げながら、ガードレールの上から人形を崖下に放り投げたのでした……って、やっぱり、やってることが栗田と一緒だよ！

ざざざざっざぁざざざざっ

僕が握りしめる紐がどんどん崖下に伸びていく。

どざっ

という音とともに紐がぴぃんと張り、急激に重くなった。真下を覗くと、人形の頭頂部が見える。人形ではあるが、首を吊っている姿を真上から見る日が来るなんて……でも、やるべきことは全部やった！　人形を引き上げなきゃ！　と引っ張るが……人形がずしんと重くなりだした。全然持ち上がらない！　まるで誰かが人形をつかんでいるような……ことがあってたまるかよ！　そんなことがあったら俺の気が狂っちゃうだろ！　だから、お願い！　早く戻ってきて！　と泣きじゃくりながら紐を引っ張った。

ざうるるるるっ、という音がすると、人形の身体が急に軽くなり、僕のもとへ帰ってきた。心配かけやがって！　今から、ここを脱出するぞ！　走ろうとするが、まったく脚に力が入らない。泥酔者のようにフラついてしまう。それでも、とにかく終わった！

記録された呻き声

「お疲れ様でした！」

皆の顔を見た途端、挑発行為中に自分を支えていた力が全部抜けてしまった。路上に倒れ込む僕を見た折原先生は大笑いしている。

「小林さんが向こうにいる間、悲鳴が何度も聞こえてきて笑っちゃいましたよ！」

そうですか……楽しんでいただけたのなら何よりです。

「あ、そうだ！　皆さん、このあとホテル廃墟に行く予定でしたよね⁉　急ぎましょう！」

え、何を言ってるんですか……。

「折原先生、それは、この現場取材の取れ高がなかったら、という話じゃないですか。折原先生に判決文まで読んでいただいたんだから、今日はもう充分すぎますよ」

力夫監督が優しく諭すと、

「えええええっ！　廃墟ホテルで起きた殺人事件の判決文も持ってきたのに！」

折原先生は憮然としているが、これで今夜の取材は完了だ。撤収作業を終えた僕らは、殺人現場でお線香をあげて両手を合わせた。すると、さっきまで蒸し暑かったはずなのに、ヒンヤリとした空気が僕を包み込んだ、気がするような……。

「僕もそんな気が……供養になったんですかね？」

富山さんたちも驚いている。時刻は午前二時四十分。今から東京に帰れば、午前四時半ぐらいには到着できるかな。

「市川監督の誕生日は八月二十日だから宮﨑勤と一日違いですね！　宮﨑は一九六二年八月二十一日生まれなんです！　八月二十一日は猟奇殺人や変な事件を起こした犯人の誕生日が多いんですよ！　藤沢市母娘ら五人殺害事件の藤間静波、福島悪魔払い殺人事件の犯人・江藤幸子とか。ほかにも何人かいますよ！」

帰りの車中でもハンドルを握る折原先生の殺人トークが展開された。

「はぁ、そうですか……」

力夫監督だけでなく、僕らは体力を消耗しすぎて、気のない返事しかできなかった。それなのに折原先生は、

「やっぱり、ホテル廃墟に行きません⁉ 今から行けば四時前には着きますよ！」

事あるごとにホテル廃墟取材を提案した。しかし、

「折原先生、すいません……。今日はもう無理です」

やつれきった力夫監督が必死に断っている。

「じゃあ、錦糸町に戻ったら、飲みましょうか⁉」

「折原先生、すいません……。それも無理です。今日は午前中から仕事があるので……」

おそらく折原先生は、僕らと別れるのが嫌なんだろう。その証拠に、僕らが黙りこくっていると突然、

「折原臨也さんにぶち込まれたいです」

と体力があるときの僕らなら「先生、今の発言はどういうことですか⁉」と食いつくような独り言をときおりつぶやいていた。結局、僕らと別れたくない折原先生が高度な遠回りをした結果、錦糸町に着いたのは午前六時過ぎだった。別れる寸前まで折原先生は、

「本当に今から飲みに行かないんですか⁉」

と聞いてきたが、そのたびに力夫監督は、

「折原先生、すいません……。今日は本当に無理なんです」

虚ろな目をしながら蚊が鳴くような声で詫び続けていた。でも、折原先生が同行してきてくれたから、これだけ濃密な取材ができた。先生には感謝しかない。

東京に帰ってきた僕は、取材中に撮影した映像をチェックした。力夫監督は手記の朗読中に「声のようなものを聞いた」と言っていた。その声はたしかに記録されていた。

うっううううううっ

という低い呻き声だった。僕が朗読中に聞いた声と同じだ。気のせいじゃなくて本当に聞こえていたんだ……。力夫監督の挑発行為中に起きた怪異はそれだけではなかった。彼が朗読している間、僕は待機場所の様子を撮影していた。その映像にも奇妙なものが記録されていたのだ。力夫監督の絶叫が聞こえたとき、心配そうに待つ富山さんの前を、白い霧状の塊が、すうっと通り過ぎていった。

白い塊は、力夫監督がいる事件現場の方からやって来ていた。そういえば、このとき、富山さんのカメラのフラッシュが勝手に点滅していた。挑発行為の前、力夫監督は、

「俺は、最初にやって霊を呼んでおいて、次に何かが起きるように、と思っていますよ」と言っていた。彼の目論見どおり、僕の挑発行為中にも怪異が記録されていた。僕が栗田の手記を朗読しているときのことだ。

人形に胸に貼っていた栗田の顔写真が、白目を剥いた。というよりも、目の中にある瞳の部分が、完全に消えてしまっていた。しばらくすると、写真の栗田の目に瞳が戻った。これまでさまざまな心霊現象を映像に記録してきたが、こんな怪異は初めてだった。

この映像を、二〇一五年に新宿ロフトプラスワンで開催した『スーサイドララバイ　きめてやる今夜』のイベントで上映した。写真の栗田の目が、白目から黒目がある状態に戻った瞬間、会場中から悲鳴が上がった。

邪気と霊気に塗れた等身大人形

おせんころがし殺人事件の現場で、胸に栗田の写真を貼りつけ、崖から首吊りバンジーを行なった等身大の人形は、その後も、あちこちの心霊スポットで首を吊られる、という全盛期のジャッキー・チェンばりに身体を張った活躍を見せてくれている。

『スーサイドララバイ』のイベントをやるときは、登壇者が僕と力夫監督のふたりだけなので、ステージに必ず人形の席も用意して座らせていた。

　おせんころがし取材の翌年はLOFT9 Shibuyaでイベントを開催した。このときも等身大の人形をステージに座らせた。イベントが始まり、まずは挨拶をしていると、

がだたん

　けたたましい音とともにステージ近くの席に座っていたお客さんが床に倒れこんでしまった。店のスタッフの方たちが急いでお客さんを外に運び出した。せっかく来ていただいたんだから、ちょっと休んだら戻ってきてくれるといいな……と思いながらイベントを続けていた。しかし、倒れたお客さんが戻ってくることはなかった。

　僕らのイベントは、この本のように心霊スポット取材中に起きた失敗談もありのまま話している。この日のイベントでも僕らはお互いの失態を指摘し合っていると、「世の中、下には下がいるんだなぁ」と言いたげな視線を送るお客さんたちの笑い声に包まれた。いや、厳密には違った。前列の左側に座るお客さんたちの反応だけが鈍い。ほかの方たちは爆笑してくれているのに、彼らだけはずっと僕らを睨みつけている……。

　そんな状態でイベントを進行できるほどハートが強くないので、前列左側の席に向かって、どうされました？　と聞いてみた。ひとりが唸るような声でこう言った。

「気持ち悪ぃんだよ……気持ち悪ぃから、どかしてほしぃんだよ」

そう言いながらステージを指さしている。彼の発言に周りのお客さんたちが頷いている。指をさした方向には、等身大の人形が座っていた。

このまま続けるのはマズいな……と僕らはイベントの休憩中に等身大の人形を楽屋に移動させた。でも、あの怖いお客さんたちはまだいるのかな。あんなに睨み続けられたらやりづらいよ……と重苦しい気分でステージに登壇すると、先ほどまで咎めるような視線を投げつけてきた方々が全員、晴れ晴れとした顔つきになっている。どういうことだ……と思いながらトークをしていると、仕込みなのか？　と思ってしまうぐらい僕と力夫のトークに爆笑している。

つまり、数々の殺人現場や心霊スポットでぶらんぶらんしてきた等身大の人形は、それくらい良くない、ということですよね。その人形は今も僕が管理している。

そして、僕たちにおせんころがし殺人事件のことをレクチャーし、現場では予想のつかない言動を次々と披露してくれた折原静雄先生とは、なかなか会えないが今も関係は続いている。

本書では消滅屋敷のリサーチやおせんころがし取材に協力してくれた折原先生に、本書のクレジットに「協力：折原静雄」と載せますよ、とメールしたら、こんな返信が来た。

「クレジットは『折原臨也リサーチエージェンシー』と、フルネームでお願いします。あと、厚かましいお願いですが、サイトのアドレスも併記していただけますか？　これを生業にしようと思っているので」

すげえ。折原先生が折原静雄から折原臨也に改名してる⁉　あれほど、キャラクターのままの名前にはしない、と言っていたのに。キャラクターの名前を名乗ったうえに、本当に情報屋になっちゃったよ！　やっぱり、折原先生は先が読めない人だ！


と、ここで原稿を締めようとしていたら、締め切り間際に折原先生から新たなメールが届いた。

「お疲れ様です。無理なお願いとは存じますが、おせんころがしの記事での私の名前は、〝折原臨也〟と実名を出していただけないでしょうか？」

折原先生は、いつだって僕らの予想を豪快に超えてくる……。それに実名ってどういうことだ？　という壮大かつ新たな疑問が浮上したが、今から先生の名前を折原臨也に修正すると内容がいろいろとおかしなことになってしまう……。でも、先生！　我々は今後、あなたのことを情報屋の折原臨也先生と呼ばせていただきます！

人形に貼られた栗田源蔵の顔写真の目……
黒目がある状態から白目に、そして再び黒目に戻った……

Chap.13

〝白い顔の幽霊〟が彷徨う「恐怖の廃病院」

コンビニのロッカーに眠っていた「ビデオテープ」

「幽霊が映っているビデオテープがあるんですよ」

輸入雑貨を扱うショップで働く友人K君がとんでもないことを言ってきた。二〇一一年のことである。心霊スポット取材をしていると、時おりこんな情報が舞い込んでくる。

「友だちから仕入れた情報なんですけどね」

ビデオテープはK君の友人S君がアルバイトする東京近郊のコンビニエンスストアにあるという。

「事務所のロッカーの中に十年以上も前からあるんですって」

あるとき、ずっとロッカーに入っているVHSテープを不思議に思ったS君は、店長と雑談していた際に尋ねてみた。

「あのテープか……そういえば、まだあるんだよな」

それまで機嫌の良かった店長の顔が曇った。VHSテープはかつてバイトをしていた若者たちの物で、彼らが廃墟に肝試しに行ったときの映像が記録されているという。肝試しから数日後、若者たちは鑑賞会を開いた。すると、

「そのビデオに幽霊が映っていたんですよ」

ほどなくして若者たちは次々に店に姿を見せなくなってしまった。ビデオテープを置い

たまま……。

「それ以来、誰もビデオテープに触ろうとしなくなったんですって」

その後の若者たちの消息を知る者は誰もいないという。店内ではビデオテープの話題はタブーとなった。テープは誰にも触れられることなく、ロッカーで眠り続けることになった。

「そのビデオ、引き取ってくれる人がいたらあげるって言うんですよ」

ビデオに映る幽霊の顔を見たら、この世からいなくなってしまう。

そんな噂が店員たちの間に広まり、長い間、ビデオテープを捨てることができずにいる。

「それなら、ギンティさんや力夫さんたちの出番かな、と思って。ね？　欲しいでしょ⁉」

テンション高く煽るK君だが、この話を信じきってはいない。そりゃそうだ。話がドラマティックすぎる。おそらく幽霊の顔は、暗がりにいる仲間の顔が偶然、光の具合でそう見えたんだろう。もしくはビデオの話自体がデタラメかもしれない。いざ再生したら、心霊物のドキュメントだったり、ＡＶだったりするんじゃないの。そもそも、手に入れたところで十年以上ロッカーに放置されたビデオテープが再生できるのかな。

「ですよね。ま、せっかくなので一応は手に入れますよ。そしたら連絡しますね」

それから一週間ほど経っただろうか。

「もしもし！　ギンティさん！」

電話の向こうのK君が興奮している。

「例のビデオ、手に入れました！　で、観ました！　本物ですよ！　ガチの幽霊の顔が映ってますよ！　こんな映像、観たことないですよ！」

ビデオテープを入手する前は勘ぐっていたK君がこんなにも興奮している。

「俺、今店にいますんで取りに来ませんか⁉　っていうか今すぐ来てください！　店にビデオデッキがあるんで観せますよ！　待ってますよ！　観たら絶対驚きますから！」

あまりのテンションに押されて店に向かった。

個室トイレの暗闇から「それ」は現れた

閉店後の輸入雑貨ショップに着くと、K君と同僚が興奮と怯えが混ざった複雑な表情で待っていた。

「これが例のビデオテープですよ！」

テープのカバーには、マジックでこう書いてある。

「○呪　一九八○年代　●県　廃病院　精神科病棟　トイレにて」

「八○年代と書いてありますが、映像を観ると、そこまで古くはなさそうなんですよ」

K君はテープを店のビデオデッキにセットした。

映像には深夜、幹線道路沿いのコンビニ前にたむろする若者たちの姿が映し出されている。コンビニ前で煙草を吸う若者たちの顔つきは、まだ幼さが残っている。

「今夜はバイクでおっかねえ廃墟に行きま〜す！」

彼らの会話から参加メンバーは十一人で、全員同じ高校の仲間ということがわかった。今から深夜のツーリングを兼ねた肝試しに行くようだ。

「Aの奴、まだ来ねえな！　捨てちゃう？」

仲間を待つ間、高校生たちのたわいのない会話が続き、その様子を手持ちのビデオカメラが撮影する。画角は定まらず常に揺れている。素人が撮影した映像だ。これは心霊ドキュメントじゃないし、素人が撮影した映像風に作られた心霊動画でもない。映像自体もデジタルカメラ以前に普及していた「Ｈｉ８」で撮影されたもののようだ。Ｈｉ８が普及していたのは一九九〇年代。

さらに撮影時期を特定できることがあった。コンビニ前の少年たちが、My Little Loverの『Hello, Again〜昔からある場所〜』を何度も口笛で吹いている。調べると、この曲が発表されたのが一九九五年八月。この映像は一九九五年以降に撮影されたもののようだ。

「じゃ、Ａも来たので今から呪われに行きま〜す！」

映像はいったんここで録画が終わる。

次に映し出された映像は、闇夜に浮かび上がる四階建ての廃墟。

「今日はここに来ました。ビビってま～す！」

十一人は、北関東某所にある病院廃墟の前にいた。

「あ！　俺ら以外にも誰か来ている！」

彼らは、ほかの肝だめしに来たグループと遭遇したようだ。

「こんばんは～！　皆さんも肝試しに来たんすか？」

地元に住む十九歳の男子ひとり・女子ふたりのグループだ。深夜の女子ふたりとの出会いに、高校生たちが興奮しているのがわかる。

「三人も俺らと一緒に行きませんか!?」

意気投合した彼らは総勢十四人で病院廃墟に潜入することになった。その瞬間から、高校生たちの興味は、肝だめしよりも知り合った女子たちにシフトチェンジしていく。

「俺、バンドやってんだけど、このなかでメロコア聴く人は!?」

「いないの。それならスノボーは!?　俺らスノーボーダーですから！」

何とも時代を感じさせる会話であるが、総勢十四人の肝だめしは呑気かつ陽気なトークが続き、合コンのようなムードを醸し出している。おまけに、高校生が女子との会話の片手間に撮影する映像は手ブレが激しく、見づらいことこのうえない。映像が見づらい理由はもうひとつある。

彼らが使っているHｉ8のカメラには、僕らが心霊スポット取材で使うデジタルカメラのように夜間撮影用のナイトショット（赤外線機能）がない。それなのにツーリングのついでの肝試しなので、懐中電灯をひとつしか用意していない。そのため、廃墟内を撮影していても真っ暗な闇が続くばかり。ときおり、懐中電灯に照らされるコンクリートの壁に描かれた落書きで建物内の様子をうかがえるのがやっと。そんな映像を見ているうちに嫌な予感が過ってきた。もしかしたら、幽霊の顔と言われているのは、肝だめしをするメンバーの顔が、ライトに照らされてそう見えただけなのでは……。

再生がスタートしてから三十分が経った。僕の不安をよそに、十四人はますます合コンムードを高めながら、廃墟の四階に到着していた。

「どこ行くんだよ!?」

「トイレ！　トイレ！」

若者たちがぞろぞろと男子トイレの中に入っていく。

「今からトイレの花子さんを拝みに行きまーす！」

またしても時代を感じさせる会話をしながら三人の高校生たちが個室トイレに入った、そのとき。

個室トイレの闇の中から、真っ白い顔がぬっと浮びあがった。

ほんの一瞬のことだがハッキリと見えた……。まるで、個室トイレの中で高校生たちが来るのを待っていたかのように。彼らが個室トイレの中に入った瞬間、白い顔は個室トイレの入り口からいきなりカメラをのぞき込むように現れ、すぐに闇の中へ消えていった。

僕は思わず声を上げてしまった。

「ギンティさんも見ましたよね⁉　ハッキリと映っていましたよね……」

たしかに、見た……。白い顔が現れた位置は、個室トイレ内に立つ高校生の膝から下あたり。もしも、白い顔の主が人ならば、個室トイレの中でしゃがみ込んでいた状態になる。しかし、映像の中の高校生たちは誰ひとり白い顔には気づいていない。それに三人も入ればぎゅうぎゅうになる個室トイレの中に、そんな人間が潜んでいたら、彼らは気づくはずだ。

僕らは映像を何度も見直した。白い顔は、十四人のうちの誰かの顔が光の具合でそう見えたものでもない。

「あれは人間じゃないですよ！」

K君と同僚が言うように、白い顔のつくりは限りなく人間に近いが、人とは違う。肌は蠟燭のように白く、額が異様に広い。そのうえ、顔の厚みがなく平べったい。そして、哀し気というか怨めしそうな表情を浮かべている。こんな映像、初めて観た。まさか本当にトイレの花子さんがいたんじゃ……否、いくらなんでもそれはない！　動揺を隠せない僕にK君は言った。

「このビデオに映っていた高校生のなかに、テープがしまってあったコンビニでバイトしていた子が数人いるんですよ。でも、彼らは行方不明になってしまったんですよ……」

そうだった。ますます動揺する僕に、K君が追い打ちをかけるようなことを言い出した。

「このテープ、ギンティさんたちに差し上げますんで！　取材の役に立ててください」

それって、この病院廃墟を探して行け、ってことだよね？　と聞くとK君と同僚に首がもげそうなほど力強く頷かれてしまった……。

「ちょっとすごすぎますよ！　なんですか、あの白い顔は！」

ビデオを受け取った僕は、その足で力夫のアパートに向かった。その途中、大量の缶チューハイを購入した。素面では、あの映像をもう一度観るなんて無理だ。今も、恨めしそうな表情を浮かべた白い顔が、脳裏にこびりついて離れない。それに、映像の中ではしゃいでいた高校生のなかに消えてしまった子がいると思うと……。

「本当に幽霊が映っているんですか？　何かの見間違いじゃないかな」

大量の缶チューハイが入ったビニール袋をぶら下げて、ブルブルと震えながら部屋に入ってきた僕に対して、力夫は完全に残念なおじさんを見る視線を送っていた力夫は心霊映像に対して常に慎重だった。僕らが取材した映像をチェックする際、僕が、これは心霊現象として提示してもいいのでは？　と言っても「これは光の具合でそう見えるだけですよ」と否定されることがたびたびある。慎重ゴリラの目に、あの映像はどう見えるのだろうか。心霊スポットを取材する身としては大スクープだが、今回ばかりは「これは光の具合で」と全面的に否定してほしい！

「そんなの自分で観ればわかるでしょ。わざわざ、こんな夜中に来なくても……」

それがわからないから来たんだよ！　ビデオに映る幽霊の顔は、これまで観てきた、オカルト番組や心霊ドキュメンタリーのフェイク映像とは明らかに質が違うんだよ！　それに、今まで観てきたホラー映画で描かれた幽霊表現ともまったく違う！　本物ってこういうことなのか……って感じなんだよ！

「本当かな……まあ、せっかく持ってきてくれたんで観ますけど」

僕は、力夫の部屋のビデオデッキにテープをセットしながら、買ってきた缶チューハイをすすめた。とにかく今のうちに飲んでおいたほうがいいよ。映像を観たあとは飲まないとやってられなくなるから！

「ちょっとギンティさん、真顔じゃないですか。『リング』の呪いのビデオを観ちゃったような顔になってますよ」

変なこと言うなよ！　今から観る映像を撮影した少年たちは消えちゃったんだから！

「ギンティさん、ずっと本気なんですね……」

　力夫は缶チューハイのプルトップを開け、ひと口飲むと落ち着いた口調で、

「じゃ、観ましょうか」


「うわぁああああっ！」

　映像に白い顔が出た瞬間、力夫は座椅子から飛び上がった。

「これ、ちょっとすごすぎますよ！　なんですか、あの白い顔は！　あの哀し気な目が頭から離れませんよ！　観ちゃったことを後悔してますよ！」

　肩で息をしながら、新しい缶チューハイを開けている。

「あの白い顔、紙みたいに平べったかったですね……。今まで〝見える〟人を取材したことがありますけど、幽霊の顔は平べったい、と言ってましたよね……」

　言っていた……。幽霊の顔が、凹凸がない感じだから、街中にいてもすぐにわかる、と。

「このビデオテープをくれた、ってことは僕らに取材してくれ、ってことですよね……」

　察しのいい男だ。

「でも、映像の中の高校生たちは廃病院の名前を口にしてないですよね。赤外線機能のないHi8カメラで素人が廃墟内を撮影した映像は暗いし、廃病院を特定できる情報が少なすぎますよ。見つけるのは難しいんじゃないかな……」

とは言うものの、廃病院が気になって仕方がない僕らは場所を特定しようとした。しかし映像からわかる情報は、「撮影された時期は、My Little Lover の『Hello, Again ～昔からある場所～』がリリースされた一九九五年八月以降」、「廃病院は東京近郊にある」、「少なくとも四階建てである」、「四階のトイレで幽霊が映った」ぐらいだ。

「よく My Little Lover の歌がわかりましたね。俺は聴いたことないな」

実は……一九九五年の秋、僕が片想いしていた女性が口ずさんでいたんだよ。

「うわ、ダサ……あ、さあせん！　でも、頼りない情報だな……。世田谷一家殺人事件だって、もっと情報がありますよ！」

力夫の言うように、廃墟探しはいきなり迷宮入りになってしまった。まあ、考えてみれば九〇年代後半に訪れた廃病院だから、もう取り壊されてるかもしれないしね。

「そうですよ！　解体されてますよ！」

だよな！　それから僕らは、「行きたいけど建物がないんじゃ無理」と確認したり、「まさか、この映像を観た自分たちが消えたら、どうしよう……」と心配しながら飲み明かした。

病院廃墟は存在していた！

ビデオテープを入手してから数日後、僕らは当時、『怖い噂』の編集長をしていた小塩さんに映像を観てもらった。

「気持ち悪い顔だな……こんなパターンの心霊映像があるんですね！」

小塩さんも感動と恐怖が入り混じった複雑な顔をしていた。僕らは、映像を撮影した高校生たちが消えたこと、廃病院を特定するのは困難なことを伝えた。が、小塩さんはやっぱりクールだった。

「それはギンティさんと力夫氏の調査が甘いからですよ。何としてでも病院廃墟を特定して、取材に行きましょう！」

やっぱり、この人はそう言うよな……。


それから半年が経った。その後も廃墟探しは続いていた。情報提供者のK君と小塩さんも協力してくれていた。しかし、依然として特定できない。そんなときにK君から連絡が来た。

「あの病院廃墟、わかったかもしれませんよ！」

K君は店番をしながら、廃墟マニアのブログをしらみつぶしにチェックしていたという。そのなかのひとつに、それらしい病院の潜入ルポが載っていた。

東京から車で二時間ほどの幹線道路沿いにあるT病院廃墟。建物は四階建て。病院が閉鎖したのは一九八九年で地元では有名な心霊スポットだという。つまり、一九九五年には廃墟になっている。

そして現在もある。

「今もある、ってことは〝行け〟ってことですよね……」

力夫の言うことは理解できる。しかし、「幽霊が映った」「撮影者が消えた」。このふたつのキーワードが身体に纏わりついて行く気がまったく起きない……。

二〇一六年になった。今もT病院廃墟には行っていない。白い顔の映像を観た直後、僕らは「自分たちも消えてしまうのでは……」と心配していたが、消えなかった。しかし、小塩さんが立ち上げ、編集長を務めた雑誌『怖い噂』が二〇一三年、諸事情で廃刊となってしまった。その後、ジプシーのように出版業界を彷徨った小塩さんは二〇一六年、僕と力夫が仕事をしている映画雑誌を出す出版社で『怪奇秘宝』というハードな心霊&事件専門誌を新たに立ち上げていた。

「『怪奇秘宝』でT病院廃墟に行きましょうよ！」

小塩さんは鼻息を荒くしていた。あれだけ、T病院廃墟取材を拒んでいた僕と力夫も、制作中の心霊&ショック・ドキュメンタリー『スーサイドララバイ　きめてやる今夜』を見どころ溢れる作品にするには行くしかない、と腹をくっていた。が、日々の業務に追われて、なかなか取材に行くことができずにいた……。

二〇一六年がもうすぐ終わろうとしていたころ。

「T病院がなくなるかもしれませんよ！」

そんな噂が流れているのを、小塩さんがSNSで発見した。行くなら今しかない。でも、いざ行くとなると、このまま取り壊されてくれれば……とも思ってしまう。

「何言ってるんですか？　行かなきゃダメでしょ。『怪奇秘宝』で力夫氏と心霊スポット取材する、って約束でしょ？　それなら絶対T病院でしょ？　嫌なら降ろしますよ」

……。

負のオーラを纏った禍々しい建物

二〇一六年十二月二十五日。よりによってクリスマスにT病院廃墟に潜入する。まずは午後三時に『怪奇秘宝』編集部に集合した。

「ギンティさんがしつこかったから、やってきましたよ！」

力夫監督は、僕のオーダーどおり、もじゃもじゃのパーマを当ててきてくれた。

「この頭にどういう意味があるんですか！　白い顔と何の関係もないですよね！」

大アリだよ。力夫がパーマを当てると、普段以上に景気のいい見た目になる。以前、僕らが出演していた心霊ドキュメンタリー『怪談 新耳袋殴り込み！』の一作目（二〇〇八年）でも力夫はもじゃもじゃパーマだった。一作目が好評を博してシリーズになったのも、作品が記録した怪異だけでなく、力夫のリッチなヘアスタイルのおかげもあったはずだ。その景気の良さが今夜、何が待ち受けるかわからない恐ろしい取材的にも、いずれ完成する『スーサードララバイ』を観たお客様のハート的にも〝救い〟になるときが必ず訪れる！

「意味わかんねえよ……」

ぼやきながら煙草を吸うもじゃもじゃパーマにショットのライダースジャケット姿の力夫は、拝みたくなるほど景気のいいルックスだった。

「力夫氏、パーマと革ジャンが絶妙に似合ってますよ！　なんかヘルズ・エンジェルスに入ったアンドレ・ザ・ジャイアントみたいで！」

ほら。早速、小塩さんが喜んでいるじゃない。しかし、少人数で挑む今夜の『怪奇秘宝』取材、並びに『スーサイドララバイ』の撮影は、力夫監督のパーマネントヘアでも、どうにもならないことがある。そんなわけで僕らは当時、三十五歳で『怪奇秘宝』と同じ出版社が出す特撮雑誌で編集アルバイトをしていた今井あつし君に、取材アシスタントとして同行してもらうようにお願いした。

「自分なんかが心霊スポットに行って、お役に立てることがあるのでしょうか……？」

心配そうに語る今井君は、超がつくほど腰が低くてバカ真面目。リラックスとは無縁の男で、編集部内で私語に興じたり、サボったりする姿を見たことがない。そんな人だから、少数精鋭で挑む取材には必要だ。すでに〝白い顔〟の映像は観てもらっている。映像を観たあと、今井君は「わかりました。ここに行くんですね」と静かに頷いてくれた。

T病院廃墟は都心から二時間ほどの場所にある。午後三時に『怪奇秘宝』編集部を出発すると午後五時過ぎには到着してしまう。

行きの車中では、今井君のハートをほぐすため、彼への質問大会となった。僕らは今井君が「不気味なほど真面目」という情報以外知らなかったので、いい機会だった。今から向かう心霊スポットへの恐怖をまぎらわすためにも。そんなわけで、最初は特撮雑誌の仕事をしていることから、好きなウルトラマンは？　というジャブから始まり、どんな少年時代だったか？　というライトな質問を経て、やがて理想的なパートナーのタイプは？　というヘビーな質問タイムに突入したころには、午後五時を過ぎ、辺りは暗くなっていた。

「あの……自分は、メガネをかけたギャル系が好きで……」

「ちょっといいですか！　もう着きますよ！　大通り沿いなんで、すぐにわかると思います」

今井君のバカ真面目なカムアウトを、ドライバーの小塩さんが遮った瞬間、車内に緊張が走った。僕らは、幹線道路を走る車から見える、道沿いの建物を追い続けた。

「あった！」

ほぼ同時に全員が声を上げた。ビデオテープを入手してから六年、遂にT病院廃墟に来てしまった。小雨が降る夜空に浮かび上がる、煤けたコンクリート壁の四階建ての建物が禍々しい。四車線ある国道の向かい側にはコンビニがあるが、カラフルなコンビニの鮮やかさとは無縁の病院廃墟が、同じ世界に存在する建物とは思えない。廃病院だけが異様な負の存在感を放っている……。この場所に来た少年たちが消えた。

「あ、あの……メガネをかけたギャルと自分はですね……」

「今井さん、その話はもういいですから……」

遂にたどり着いてしまったT病院廃墟を前にした僕らのテンションは地面にめり込むほど落ちてしまっていた。


「まずは向かいのコンビニに車を停めて、一服しますか」

駐車場の喫煙所で、廃病院に入る気持ちを整えていた。しかし、なかなか覚悟が決まらない……。

「いい革ジャン着てますね！」

一九〇センチはありそうな豊満な体格の男性が力夫監督に話しかけてきた。

「バンドとかやってる人？　俺、セックス・ピストルズが好きなんだ！」

ライダースに規格外のパーマネントヘアをした力夫監督を見て、そう思ったのだろう。しかし、一八〇センチ近い身長でアンドレ・ザ・ジャイアントのような髪型の力夫監督と、その男性が並んでいる姿は、巡業中のプロレスラーにしか見えなかった。力夫監督は男性とひとしきり音楽談議で盛り上がったあと、T病院廃墟のことを聞いた。

「あれね、有名ですよ。私は行ってないですけどねぇ。すぐ近くの高校ができる前からあったから、もう四十年ぐらい前から廃墟じゃないかなぁ。怖いよ〜。あんなとこ入るのは恐山行くようなものでしょ」

男性の情報は、頼もしいルックスとは裏腹に薄かった。しかし、僕らが心霊スポット取材に来たことを知ると俄然、興味を示しだした。

「あなたたちは『実話ナックルズ』!? あ、違うんだ。でも、危険ドラッグってあるじゃない。あれは実際のところ、どんなモノなの？ ねえ？」

僕らは、わからないですね……と返事をしたが、男性はさらにダーティな話題をまくしたててきた。どうしたら、この人が去ってくれるんだろう……と

「すいません！ 僕ら取材があるので！」

小塩さんがクールに遮ると、T病院廃墟に向かって歩き出した。いよいよ潜入するときがきた。

怪異の震源地「四階のトイレ」には何が……

とうとうT病院に潜入するときがきた。力の限り自分を鼓舞した……つもりだった。どういうわけか両脚が病院に向かって歩いてくれない。

「俺もですよ……」

力夫監督だけではない。小塩さんも今井君も同じだった。

「あぁ……なんで、こんな怖い廃墟があるんですかぁ。なんで廃墟のそばに家が建っているんですかぁ⁉ そんな場所で暮らしていけるんですかぁ⁉」

もしかして今井君って怖がり？

「はい。すごいです」

迷いのない目つきで返事されてしまった。

「昔、遊園地のオバケ屋敷に入ったとき、あまりに怖すぎて腰が抜けてしまったんです。それで幽霊役の方たちに担いでもらいました」

そんな人が、なんで今回の仕事を引き受けたの……？

「仕事ですから。断ったら皆さんに御迷惑をおかけすると思いまして。でも、大丈夫です！ここに来る前、地元の友人や知人には全員、〝業務命令で心霊スポットに行って来ます。自分に何かあったときは申し訳ありません。あとのことはよろしくお願いします〟と伝えてきましたので」

戦場に向かう人の手紙じゃないんだから……。ただでさえ重い試練に、想定外のお荷物が追加されてしまった。

「どうです？ まだ時間的には早いですし、作戦会議でもしながら晩飯を食いませんか？ 僕が奢るんで」

小塩さんのクールな提案を断る者はいなかった。


時刻は深夜〇時を過ぎていた。今度こそ、目の前にそびえるT病院廃墟に潜入する！

「ふぉ、ふぉ本当にぃ入るんれすかぁ？」

今井君の呂律はグダグダだ。さっきまでいたファミレスで、小塩さんから「景気づけに一杯くらい飲めば？」と勧められると、

「すいません！ 自分なんかのために……！」

と詫びながら、きゅっとグラスワインを飲んだ。

「あ、あの失礼でなければ、もう一杯だけ飲ませてもらっても……」

と年季の入った低姿勢でおかわりを懇願。それを一気に飲むと再び「あ、あの……」と繰り返した挙句、赤ワインのデキャンタ一本、グラスワイン三杯を飲み干した。すると……これまで寡黙で自己主張とは無縁だった今井君が自身の恋愛観、自分の夢、編集部内

の人間の悪口、そしてかつてひと目惚れしたギャルが某政治家の暗殺を企てていたことなど、T病院廃墟とは一ミリも関係ないトークを一気にまくしたてた。その間、頼んだハンバーグを食べないで白飯を赤ワインで流し込んでいる……。ちなみに彼以外は全員素面。

「あぁ、あのぉ失礼でなければぁ……」

「ダメに決まってるだろ」

手にした伝票に印刷された金額を、まるで親の仇でも見るよう目で睨みつけている小塩さんのひと声で宴は終わった。今度こそT病院廃墟に潜入するときがきた。


「うわ、覚悟はしていたけど、廃墟の中は思った以上に暗いな……」

近隣にコンビニや住居が建ち並んでいるのに、T病院廃墟の中は光が差し込んでこない別世界。四方を墨で塗りたくったような闇が続いている。

「足元が危ないですね……」

小塩さんがライトを照らすと、崩れ落ちた建物の破片、カルテ、壊れてしまった扉などが散乱している。今回の潜入でやるべきことは決まっている。まずは四階にあるトイレの捜索。見つかったら、そこで僕らが長年にわたる心霊スポット取材から導き出した検証実験を行ない、その模様をビデオカメラで撮影する。ちなみに、通常の心霊スポット取材では、暗い場所はナイトショットで撮影する。しかし、僕らは高校生たちが幽霊を記録した当時の状況に近づけるため、通常モードで撮影することにした。

僕らは四階にあると言われるトイレを目指した。

「まったく先が見えない……」

先頭を歩く力夫は、まとわりつく暗闇を追い払うように懐中電灯を照らしている。僕らは小魚の群れのように身を寄せ合いながら移動している。

ばきっ　じゃりりっ

床を照らすと、ガラスの破片や鉄骨が剥き出しになった天井から、剥がれ落ちた建築資材の屑が散乱している。足を進めるたびに、それらを踏み潰す不快な音が響き渡る。

夕方から降り出した雨は、廃墟に潜入したころには暴風雨へと変わっていた。ガラスが割れた窓の向こうでは、大木の枝が激しく揺れて、建物内に雨が吹き込んでいる。

「雨や風の音がすごいですね。これじゃ音系の怪奇現象が起きても判別できないな……」

残念がる力夫監督に小塩さんが力なく頷く。僕の隣にいる酒乱、じゃなかった。今井君はというと……潜入してからひたすら「は、はわわ……なんか聴こえる！」とパニックになっている。でも、それは雨の音だから。

「ありましたよ……」

問題のトイレは、小便器ひとつ、個室便所ひとつのコンパクトな造りの男子便所だった。トイレの周囲に二台の定点カメラを仕掛けた僕らは、同じフロアにあり、トイレから遠いナースセンターをベースキャンプにすることにした。

ついに検証実験だ。どんな検証をするのか？　そもそも、常に真実と心霊現象を探求する僕らは、白い顔が幽霊であると断定したわけではない。人間の顔が、光の具合でそう見えたのでは？　という可能性も捨てていない。

だから、今から人間モルモットがひとりでトイレに潜入し、個室トイレに向けられた定点カメラに向かって、白い顔と同じシチュエーションで顔を出してみる。だが、素顔でやっては芸がない。せっかくなので、モルモットの顔を幽霊のように白く塗る。幽霊の潜んでいたトイレに、幽霊と同じ白い顔になったヤツが入る。そのとき、いったい何が起きるのか……どうです？　これまで、こんなにアカデミックな心霊ドキュメントがありましたか？　本来ならば日本オカルト史に名を刻むため、僕自身が挑戦したいところだが、惜しいことに幽霊は長髪に見える。僕の額はここ数年、ちょっぴり後退してしまった。毛さえあれば……。

「要するに、ギンティさんは力夫氏の顔を白塗りにしたいだけですよね」

小塩さんが呆れている。ま、そういうことです。

「だったらギンティさん、俺がパーマにする必要なんてありました⁉　ないですよね⁉」

うん。なかったよ。まったくなかった。でも、アフロの力夫監督が白塗りしたら面白いじゃない。マクドナルドのピエロみたいで。そんな陽気な白塗りが、陰気臭い白面幽霊が潜んでいるトイレに突入したら、すんごい怪奇現象が起こるんじゃないかな。

監督にこれだけのことをやらせるんだから当然、僕もそれ相応の検証実験はしますよ。おせんころがし殺人事件現場の取材でも大活躍した、等身大の人形を今夜も持ってきている。おせんころがし取材後も、全国津々浦々の心霊スポット＆殺人現場で首を吊ってきた。そんな良くないエキスをたっぷり吸ったブツをトイレに持ち込んだら、何か起きるかも、ってことだよね、監督？

は？

「たしかに取材前の打ち合わせではそうなりましたよ。でもね、こういう取材は予定調和じゃ面白くないでしょ。だからジャンケンで負けた奴が白塗りすることにしましょ⁉」

「しかも、皆のいる場所じゃなくて、ひとりで入った便所の中で白塗りにしましょう！」

いつも思うが、なんでこの革ジャン・ゴリラは自殺志願者のようなメニューをポンポンと思いつくことできるんだろう……。

「力夫氏、さすがだな！　男が孤独に白くメイクする姿か……かっこいいですね。梅沢富美男の『夢芝居』みたいじゃないですか。やりましょう、おふたりの夢芝居を！」

監督ゴリラの提案に小塩さんが理解不能な頷き方をしている。って、ちょっと待て！

幽霊のいる便所にひとりぼっちで入って、手前ェの顔を幽霊と同じく真っ白にするなんて……クレイジーすぎるだろ！　やったら精神がブッ壊れるかもしれないだろ！

「ブツブツうるさい人だな。早くジャンケンしてください。ほらサッサとやりましょ、夢芝居を！　はい、ジャンケン！　ポン！」

再現――幽霊と同じ動きは可能か

今、僕はトイレにいる。もちろん、ひとりでだ。お祭しのとおりジャンケンに負けた。激しかった雨は、検証実験が始まったときからぴたりと止んでいる。それなのに、

ぴきっ　ぴぴきっ

廊下の方から妙な音が聞こえてくる。気にしちゃいけない。早く白くならなきゃ。メイク道具は小塩さんが用意してくれたものだ。ドーランと白粉。生まれて初めて使う。出発前、小塩さんから「まずはドーランを塗って、しっかり下地を作らないと、白粉がきれいにノリませんからね」とアドバイスされた。僕を困らせるため、わざと面倒臭いメイク道具を調達したに違いない。

ぴぴぴきっ

また聞こえた。一刻の猶予もない。早くメイクしてきれいにならなきゃ。パパっと済ませたいところだが、力夫と小塩さんのことだ。メイクが薄かったり、マダラだったら納得してくれないだろう。度量の狭いあいつらだから「やり直し！」と言うに決まっている。とにかく今は自分の顔を、新品のブリーフぐらい純白にしなければ！　そう誓ったはずなのに、涙で目が滲んできた。やめろ。涙よ、今夜は堪えてくれ。お前が頬を伝ったら俺の顔が真っ白にならないから……。

個室トイレに潜入するときに持参したビデオカメラのモニターを鏡代わりに、お化粧をする。自分の顔が白く染まるごとに、この世のものとは思えない顔になっていく。それに、泣きそうになりながら白くなっていく僕の顔は、完全に怨めしい表情をした白い顔と同じだ。ハゲてるけど……。でも、幽霊が棲む場所で、幽霊と同じ姿になるなんて、こんなクレイジーな実験を考えたバカは誰だよ……って、僕だった。

震える手でメイクを終えた僕は、個室トイレの中に入った。次は、定点カメラに向かって幽霊と同じ動きを再現しなければならない。ビデオ映像では、個室トイレに入った高校生たちの膝よりも低い位置から顔が出てきた。試しにかがんでみるが……って、あの映像みたいに低い位置にはなれない。それに、幽霊が現れたとき、個室便所の中には高校生がふたり入っていた。そんなの無理だ。この個室に三人も入ったうえに、ひとりがかがむなんて……。ということはつまり、あの映像は、やっぱり……？

ばぎっ　ぐぎぎっ

トイレの近くで何かが砕ける音が聴こえた。雨も風も止んでるのに。

静寂を切り裂いた〝奇妙な音〟

「うわあああっ！　な、何⁉」
全力疾走でベースキャンプに戻ってきた、僕を見た瞬間、皆が逃げ去ろうとしている。待ってくれ！　俺だよ！　ギンティ小林ですよ！
「気持ち悪い！　ちょんまげのないバカ殿様……いや、卵に目と鼻と口を無理矢理くっつけた奇怪な生物みたいですよ！」
監督の忌憚のなさすぎるコメントを聞いた小塩さんが俯きながら笑いを堪えている。僕の顔を直視しようとしない。絶賛泥酔中の今井君はまどろんだ眼で遠くを見ている。それでも、僕は個室トイレでの体験を早口で報告した。変な音したんだよ！　バキって音！　そうだ！　白く塗ってるときに、個室トイレからカタカタってずっと聞こえてんだよ！

「それは大変でしたね……ぶっ！　お願いだからこっちを見ないでください！」

「本当ですよ！　お爺ちゃんですよ！　ぶぅははははっ！」

検証実験の結果を誠意を込めて伝えているのに、皆の耳にはまったく届いていない。が、笑いがおさまった小塩さんは、

「いやあ、お疲れ様でした。あれ、メイク道具、忘れてません？」

本当だ。検証実験があまりに人知を超えすぎていたので、うっかりしてました……。

「ダメじゃないですか。大事なものなんで、取ってきてくださいよ」

小塩さんのことを原稿で書くとき、クールというワードを乱用しちゃっているが、ここまでクールだったとは……。

「お帰りなさい……ぶっ！　ギ、ギンティさん、今度こそお疲れ様でした」

大事なメイク道具を取りに行った個室トイレでは、またしても不可解な音を聞いてしまった。そこに次は力夫監督が行く。次は、等身大の首吊り人形の白い顔を、白い幽霊の顔に見立て、この病院廃墟で撮影された心霊映像を再現する……ということになっていたが、それだけで済ませたくない！　せっかくだから力夫監督も顔を白く塗ろうよ！

「せっかくだから、ってなんですか⁉」

案の定、力夫監督は反論したが、

「そうですね。僕も力夫氏の夢芝居を見てみたいな。この場所でいいんで白塗りにしましょう」

小塩さんがお役所仕事のようにサクサクと話を進めてくれた。そのおかげで、力夫監督は顔の白いアンドレ・ザ・ジャイアントになった。もっと言わせてもらうと、白い顔の人形を担いだ、白い顔の力夫監督は妖しい呪術師のようで、いつまでも目の前にいられたら怖いので、さっさとトイレに行ってほしい、と思った。

ビデオカメラに起きた異変

「こえええええっ！」

僕らのもとに脱兎のごとく走ってきた白い顔の力夫監督は、公園を追い出された哀しいパントマイムの人のようだった。

「トイレの中だけじゃなくて、個室トイレの窓の外からも怪しい気配を感じましたよ！でも、怖すぎて反応できなかった……。それからトイレにいる間、あの映像がフラッシュバックするんですよ！」

本人は真剣に語るが、白い顔で言えば言うほど、聞いてる僕らの唇からは笑い声がこぼれてしまう。

「でも、これで今夜は終わりましたね！」

今、六年がかりの白い顔の棲むT病院廃墟取材は終わった。

「ふたりともお疲れ様でした！　じゃあ、撤収作業をしますか」

僕らは廊下に向けて設置しておいた定点カメラを回収しようとすると……あれ？　撮影しっぱなしのはずだったビデオカメラの電源が切れている。バッテリーが切れるわけがない。取材前に充電をしたので、三時間は難なく稼働するはずだ。しかし、定点を設置してから一時間ほどしか経っていない。

「おかしいな……」

力夫監督がビデオカメラの電源を入れると、バッテリーの充電はたっぷり残っている……。

「変ですねぇ。ま、映像はあとで力夫氏に確認してもらうとして、とっとと帰りましょう」

小塩さんのクールすぎる判断で、僕らは廃病院を出ることになった。

出口を目指して、病院廃墟の階段を降りていると、

「はぁ……んはあっ！　んはぁ、はあっ！」

僕の後ろを歩く今井君の息遣いが荒い。泥酔者には真っ暗な廃墟内の階段を歩くのは大変なのかな、と思っていたが、

「はぁ！　はぁん！　……んはあっ！　んはぁ、はあっ！　あぁ、ダメだ！　怖い！」

息遣いはさらに激しくなってきた。振り返ると、目を見開きながら震えている。

「今井さん、どうしたの⁉」

あまりの形相に力夫監督と小塩さんも驚いている。

「は、はぁ……ぼ、僕の後ろにもうひとりいましたっけ⁉」

何を言い出すの。今日は僕たち四人だよ。もしかして何かを感じたの⁉

「い、いや……も、ものすごい気配がしまして……な、なんかホントに！　い、いや、早く行きましょう！」

今井君の身体はさらに震えだし、今にも倒れそうだ。とにかく今は病院廃墟から脱出するしかない。


コンビニの駐車場に来てからも、今井君は震えたままだった。僕らはお清めと、今井君の気持ちを静めるため、コンビニで塩と一八〇㎖の紙パックの日本酒を購入した。口に含んで吐き出すとお清めになりますから、と日本酒を渡された今井君はストローに口をつけるとチューっと飲み干した。

「あ、あの……はぁ、はあっ！　か、階段を降りたとき、う、後ろから物すごい視線を感じたんです！　よ、四階から降りて三階、二階とずっと僕を見ているんです！　か、階段を降りる足に力が入らなくて、もつれたというか……か、階段なのに肉を踏んづけたような感触がしたんです！」

まだ動揺している。僕らは白ワインのボトルを買い、今井君に渡すとラッパ飲みをしだし、ようやく落ち着きを取り戻した。

帰りの車中、助手席の今井君は運転する小塩さんの横でワインをガブ飲みし続けた。車内は酒臭いことこのうえなかった。

「ギンティさん、T病院廃墟で取材していたとき、定点カメラの電源が勝手に落ちたじゃないですか」

取材後、力夫監督は撮影した映像を確認した。

「俺たちはT病院廃墟に一時間以上いましたよね。その間、仕掛けておいた定点カメラは十七分二十三秒しか録画されていないんですよ……」

ビデオカメラに起きた異変はそれだけじゃなかった。定点カメラの録画が止まる前、〝かちっ〟という音がして、カメラの赤外線機能が切れた。誰もカメラに触れていないのにだ。そして録画された映像は、緑の赤外線映像から通常モードに切り替わった。その六秒後にカメラの電源が落ちた。

T病院廃墟の取材で、白い顔を撮影することはできなかったが、新たな怪異を記録できた。

「病院廃墟であれだけのことをやっちゃったからな……これで俺たちが消えなきゃいいんですけど」

力夫監督の不安は当たってしまった。

二〇一九年、今井君が編集部から姿を消した。

僕らは白い顔のせいでは……と不安になったが、今井君の上司からすぐに確認が取れた。不気味なほど真面目だった今井君は、実はT病院廃墟の取材の前からゴリゴリのアルコール依存症だった。そういえば、コロナの数年前から、常にマスクをしている時期があった。それに、編集部員たちが、こう言っていた。

「最近、今井さんから変な臭いがする……」

治療のため三ヶ月間、入院するという。さらに今井君は「マジ卍郎」というTwitterの裏アカウントを持っていたことがわかった。見たらびっくりした。そこには今井君とは別の人間が書いたとしか思えない、こんなつぶやきが残されていた。

ヒャッハー‼ このクソゴミヤロｗｗｗイキってんじゃにゃーズラよｗｗｗｗお
みゃーさんにタダ飯食わせちゃーてるツーのによｗｗｗｗ仕事サボりゃーてｗｗ何
アブラ売っちゃーてるだがや　あぁん⁉ 編集部でｗｗコキコキ使い倒しゃーたるか
らなｗｗツーかコロス‼ キモいシネ

ヒャッハー‼　俺っちはいったい誰なんだがや⁉　wwしょーたい究明ぇ　明日の御天気　りょーホーをwww祝してのーみそバーンwwwwww‼　ほんでもってバーンwwwwww‼　パパンがパン　誰が殺しやがった　誰ぎゃ殺しゃーたクックロビン波多利呂っぺよ

このような常軌を逸したツイートが二〇一九年一月から入院する九月まで続いている。

「今井さんも疲れていたんですね……」

マジ卍郎のアカウントを見た力夫監督が絶句している。二〇二〇年、退院した今井君は禁酒を誓った。そして『あなたもアル中かもしれない』という本を自費出版し、アルコール依存症体験談トークイベントを精力的に行なっている。撮影に参加した『スーサイドララバイ』の完成を楽しみにしているというから、さすがに完成させなければいけない。

「作品が完成してギンティさんと市川監督がイベントをやるときには、普段のアルコール依存症体験談トークイベントではお話しできない、アル中の話を棚卸ししますから！」

そう今井君は電話で熱意を伝えてくれたが、それは勘弁してもらいたい。

そして僕らは消えなかった。しかし、白い顔だけじゃなく、ワラ人形に呪い返しをトライしたり、等身大の人形を殺人現場で首吊りバンジーにしたりと罰当たりなことをやりまくった僕らが無傷で済むわけがなかった。まずは、小塩さんが『怪奇秘宝』を刊行していた出版社が二〇二〇年に倒産して消えた……。再び僕らは散り散りになってしまった。その後もいろいろ大変なことが起こり、二〇二一年の年末に僕と力夫監督は遂に無職になってしまった……。そのことを契機に市川力夫はペンネームを市川夕太郎に改名した。

理由は数年前、偶然出会った高名な占い師に名前を見てもらったところ、「市川力夫という名前はとにかく良くない」と言われたからだ。だから、僕も彼のことを市川君と呼ぶようにした。読者の皆さんもこれからは彼のことを市川夕太郎と呼んでほしい。なぜなら市川君のことを力夫と呼ばなくなってから、何の展望もなかった無職の僕に新たな仕事依頼が来るようになった。

さらに、生き別れてしまった僕らと小塩さんは再会し、なんとか立て直して今、小塩さんが編集、市川君がデザイン、僕が著者を務める、この本の仕事ができるようになった。でも、本当に数々の罰当たり行為に対する報復は終わったのだろうか。今、書いているこの原稿がちゃんと本になっているといいのだが……。

コンビニのロッカーにあったビデオテープに記録されていた「白い顔」。その表情は何度見ても不気味だ

白い顔が撮影された四階のトイレで検証実験を敢行したギンティ小林、力夫監督（写真中央は首吊り人形）

あとがき

『ばちあたり怪談』、いかがだったでしょうか？　読後のあなたが怒り狂っていなければなによりです。

ちなみに心霊&ショック・ドキュメンタリー『スーサイドララバイ　きめてやる今夜』は、その後、仙台の心霊スポットに行き、想像を絶する体験をしました。そのときのことも今後、本にできたら、と思っています。あ、あと！　何年も前から「今年こそは完成させます！」と宣言しているのに、いまだに完成していない『スーサイドララバイ』は、この本の発売を機に、今度こそ完成を目指したいと思います！　そして今後も市川君、小塩さん、そして等身大の人形とともに新たな心霊スポット取材にトライしようと思っています！　そんなわけですので、僕らに取材してほしいハードコアな心霊スポット情報などがありましたら、二見書房『ばちあたり怪談』担当編集・小塩隆之さん宛にご連絡ください。

最後になりましたが、この場を借りて本に協力してくださった皆様に心よりの感謝を申しあげたいと思います。

この八年間、勤め先の出版社が倒産したり、無職になりかけたりしながらも僕の著書を出そうとし続けてくださった担当編集者の小塩隆之さん、『スーサイドララバイ』の監督で本書のブックデザインを担当してくださった元市川力夫の市川夕太郎さん、『怖い噂』編集部の田端美佐緒さん、御自宅の殺人物件を取材させてくださったHさん、要塞マンションの取材をさせてくださった猪俣新次郎さん、SRシンレイノラッパーのメテオさん、ペッティングボーイさん、SRシンレイノラッパーZのダースレイダーさん、DJオショウさん、消滅屋敷の情報を提供してくださったあとに音信不通になってしまったMさん、松田優作さんがUFOを目撃した、という素敵な情報を提供してくださったXさん、おせんころがし取材で大活躍してくださった折原静雄先生、じゃなかった！　情報屋の折原臨也先生、T病院廃墟取材中に盛大に泥酔してくださった今井あつしさん、「樹海でワラ人形をむしってこい」という狂気の沙汰としか思えないプランニングをしてくださっただけでなく、本書の帯に小粋なコメントを寄せてくださった平山夢明さん、そして最後に、こんな罰当りな表紙&タイトルの本を手に取ってくださった、素晴らしい感性のオーナーである読者の皆さん！

ありがとうございます！

二〇二三年五月
ギンティ小林

ギンティ小林 ぎんてぃ・こばやし

1971年5月5日、東京都生まれ。フリーライター。映画雑誌の編集&ライターを経て2007年から心霊スポット取材ルポ「新耳袋殴り込み」シリーズを発表（現在は角川ホラー文庫から文庫版が発売中）。2008年から2013年まで映像版「新耳袋殴り込み」シリーズに出演。現在、市川夕太郎とともに心霊&ショック・ドキュメンタリー『スーサイドララバイ　きめてやる今夜』を制作中。

＊本書は『怖い噂』（ミリオン出版）、『怪奇秘宝』（洋泉社）、『BUBKA』（コアマガジン）に掲載された原稿を加筆・再構成し、文庫化したものです。

二見文庫

ばちあたり怪談

2023年7月25日　初版発行

著者　ギンティ小林

発行所　株式会社二見書房
〒101-8405
東京都千代田区神田三崎町2-18-11
電話 03（3515）2311［営業］
03（3515）2313［編集］
振替 00170-4-2639

印刷　株式会社 堀内印刷所
製本　株式会社 村上製本所

落丁・乱丁本はお取替えいたします。
定価は、カバーに表示してあります。

ISBN978-4-576-23079-5
https://www.futami.co.jp